MARCO POLO

Reisen mit **Insider Tipps**

TOSKANA

MARCO POLO Autorin: Christiane Büld Campetti

Christiane Büld Campetti kam, nach Studium und Hospitanz beim Bayerischen Rundfunk, Ende der Achtzigerjahre für ein Wochenende nach Florenz – und blieb. Bis heute pendelt sie zwischen der Toskana und München, schreibt Bücher und berichtet, vorwiegend für den ARD-Hörfunk, über die Region, ihre Menschen, ihre Kultur und ihre Lebensart.

www.marcopolo.de/toskana

← UMSCHLAG VORN: DIE WICHTIGSTEN HIGHLIGHTS

Die besten Insider-Tipps → S. 4

Best of... → S. 6

Florenz & der Norden → S. 32

Arezzo, Siena & Chianti → S. 52

4	**DIE BESTEN INSIDER-TIPPS**
6	**BEST OF ...** ● TOLLE ORTE ZUM NULLTARIF S. 6 ● TYPISCH TOSKANA S. 7 ● SCHÖN, AUCH WENN ES REGNET S. 8 ● ENTSPANNT ZURÜCKLEHNEN S. 9
10	**AUFTAKT**
16	**IM TREND**
18	**STICHWORTE**
24	**ESSEN & TRINKEN**
28	**EINKAUFEN**
30	**DIE PERFEKTE ROUTE**
32	**FLORENZ & DER NORDEN** FLORENZ, PISTOIA, PRATO
52	**AREZZO, SIENA & CHIANTI** AREZZO, SIENA
70	**MAREMMA & COSTA DEGLI ETRUSCHI** GROSSETO, LIVORNO

SYMBOLE

INSIDER TIPP ▶ Insider-Tipp
★ Highlight
● ● ● ● Best of ...
☼ Schöne Aussicht
☺ Grün & fair: für ökologische oder faire Aspekte
(*) kostenpflichtige Telefonnummer

PREISKATEGORIEN HOTELS

€€€ über 175 Euro
€€   120–175 Euro
€   unter 120 Euro

Die Preise gelten pro Nacht in der Hauptsaison für zwei Personen im Doppelzimmer mit Frühstück

PREISKATEGORIEN RESTAURANTS

€€€ über 40 Euro
€€   20–40 Euro
€   unter 20 Euro

Preise für ein für das jeweilige Lokal typisches Hauptgericht inklusive Gemüsebeilage und Gebühr für Brot und Gedeck

---

Titelthemen: Flaniermeile in Viareggio S. 95, New Moon Tour in Volterra S. 69

INHALT

LUCCA, PISA & DIE VERSILIA 84
LUCCA, MASSA, PISA

AUSFLÜGE & TOUREN 102

SPORT & AKTIVITÄTEN 108

MIT KINDERN UNTERWEGS 112

EVENTS, FESTE & MEHR 116

ICH WAR SCHON DA! 118

LINKS, BLOGS, APPS & MORE 120

PRAKTISCHE HINWEISE 122

SPRACHFÜHRER 128

REISEATLAS 132

REGISTER & IMPRESSUM 154

BLOSS NICHT! 156

Maremma/Costa degli Etruschi → S. 70

Lucca, Pisa & die Versilia → S. 84

Ausflüge & Touren → S. 102

Reiseatlas → S. 132

GUT ZU WISSEN
Geschichtstabelle → S. 12
Spezialitäten → S. 26
Ökomuseen → S. 49
Bücher & Filme → S. 100
Was kostet wie viel? → S. 123
Kultursommer in der Toskana → S. 124
Wetter in Florenz → S. 127
Aussprache → S. 128

KARTEN IM BAND
(134 A1) Seitenzahlen und Koordinaten verweisen auf den Reiseatlas
(O) Ort/Adresse liegt außerhalb des Kartenausschnitts
Es sind auch die Orte mit Koordinaten versehen, die nicht im Reiseatlas stehen
(U A1) Koordinaten für die Karte von Florenz im hinteren Umschlag
Karten zu Siena und Pisa finden Sie auf S. 62 bzw. 98

**UMSCHLAG HINTEN:
FALTKARTE ZUM
HERAUSNEHMEN →**

FALTKARTE 🗺
(🗺 A–B 2–3) verweist auf die herausnehmbare Faltkarte

2 | 3

Die besten MARCO POLO Insider-Tipps

Von allen Insider-Tipps finden Sie hier die 15 besten

INSIDER TIPP Toskana zum Mitnehmen
All die schönen Dinge im Florentiner Edelladen Maestri di Fabbrica sind garantiert „made in Tuscany" → S. 38

INSIDER TIPP Babyklappe mit Geschichte
Am 13. Oktober 1445 um 5 Uhr nachmittags wurde im drehbaren Zylinder unter den Arkaden des florentinischen Spedale degli Innocenti das erste Findelkind abgegeben → S. 37

INSIDER TIPP Nostalgische Weintour
Bei organisierten Tagestouren mit dem Vesparoller geht es ganz entspannt im Gänseblümchenbetrachtungstrab durch die Chiantihügel → S. 42

INSIDER TIPP Mönchsidylle
Bei der Wahl ihrer Rückzugsorte bewiesen die Gottesdiener stets ein gutes Auge. Beispiel: die 1000-jährige Abtei Badia di Moscheta im Mugello → S. 51

INSIDER TIPP Skiparadies
Die Pisten der Pistoiser Berge rund um Abetone sollte man nicht unterschätzen. Immerhin hat Skiass Alberto Tomba hier das Wedeln erlernt (Foto o.) → S. 45

INSIDER TIPP Kaltblütig
Vampirfans werden auf den Spuren der Familie Volturi durch Volterra geleitet → S. 69

INSIDER TIPP Romanisches Kleinod
Bei dem uralten Gotteshaus Sant'Antimo auf einer Wiese bei Montalcino stimmt jedes Detail: Ort, Atmosphäre, Architektur und Ausstattung (Foto re.) → S. 66

INSIDER TIPP Klein Jerusalem
Zeitweise waren um die 20 Prozent der Einwohner im südtoskanischen Hügelstädtchen Pitigliano Juden. Heute reicht ihre Zahl nicht einmal mehr, um einen Gottesdienst abzuhalten, doch das kulturelle Erbe wird trotzdem vorbildlich gepflegt → S. 78

INSIDER TIPP Toskanischer Kaviar
Bernsteinfarben und beinhart ist die exquisite Spezialität der maremmanischen Lagunenfischer: *bottarga,* geräucherte Fischeier, meist von der Meeräsche – köstlich als Vorspeise oder über Pasta gehobelt → S. 78

INSIDER TIPP Toskanisches Venedig
Fast wie in der Lagunenstadt können Sie auch in Livorno große Teile der Innenstadt per Boot erkunden → S. 81

INSIDER TIPP Traumhafte Lage
Im Sunset-Café in Marina di Pisa können Sie direkt am Strand den Sonnenuntergang bei einem Aperitif genießen oder sich später einen Absacker genehmigen → S. 100

INSIDER TIPP Wohnen in der Künstlerbleibe
Eine mexikanische Künstlerin hat bei Camaiore aus dem alten Weiler Peralta eine unvergleichliche Ferienanlage gemacht → S. 89

INSIDER TIPP Macht und Pracht
Hinter den mittelalterlichen Mauern der Malaspina-Festung auf dem höchsten Punkt von Massa verbirgt sich ganz unerwartet harmonische Renaissanceeleganz → S. 91

INSIDER TIPP Vergessenes Flusstal
Im Mittelalter herrschte in der Lunigiana, dem äußersten nordwestlichen Zipfel der Toskana, noch deutlich mehr Betrieb als heute. Das soll sich durch die Wiederbelebung der alten Frankenstraße ändern, die durch das Tal des Flusses Magra führt → S. 93

INSIDER TIPP Das Brot der armen Leute
Wissenschaftliche Studien bestätigen, was die Menschen aus der Garfagnana im Hinterland von Lucca schon immer wussten: Man kann sich das ganze Jahr über von Produkten aus Kastanienmehl ernähren, ohne Mangelerscheinungen zu bekommen → S. 89

BEST OF ...

TOLLE ORTE ZUM NULLTARIF
Neues entdecken und den Geldbeutel schonen

SPAREN

● *Vespamuseum*
Im Museo Piaggio in Pontedera können alle Fans des kultigen Motorrollers anhand von Originalmodellen in die Geschichte der „Wespe" eintauchen → **S. 101**

● *Kunst im Landschaftsgarten*
Er habe sein Leben eben nicht zur Bank tragen wollen, lautet Giuliano Goris Antwort, fragt man ihn, wieso er seinen privaten Landschaftsgarten *Fattoria Le Celle* bei Pistoia mit Installationen hochkarätiger Künstler geschmückt hat. Zum Glück, denn Sie können ihn sich im Sommer nach Anmeldung gratis anschauen → **S. 45**

● *Badespaß nach Kulturgenuss*
Packen Sie das Badezeug ein, wenn Sie die Etrusker in *Populonia* besuchen. Dort können Sie Ihren Kulturtrip mit Badevergnügen im *Golf von Baratti* kombinieren – eine der schönsten Badebuchten der Region, die bisher von kostenpflichtigen Strandbädern verschont blieb → **S. 83**

● *Florentiner Stadtoase*
Zwischen Leseratten und Internetsurfern findet sich auf den Mäuerchen im Kreuzgang der *Biblioteca delle Oblate* immer ein Plätzchen zum Luftholen. Oder Sie genießen von der ebenfalls kostenfrei zugänglichen, überdachten Terrasse den Blick auf den Dom → **S. 39**

● *Wellness ganz umsonst*
An den heißen Quellen von *Saturnia* treffen Wellnesswelten aufeinander. Oben wandeln Hotel- und zahlende Tagesgäste in weißen Frotteemänteln durch elegante Stille. Einige Hundert Meter weiter unten fällt das schwefelhaltige Wasser in natürliche Felswannen und kann gratis im Badedress genossen werden (Foto li.) → **S. 78**

● *Fürstliche Pracht*
Unter allen Medici-Villen rund um Florenz ist die in *Poggio a Caiano* vielleicht die schönste und sicherlich die eleganteste → **S. 41**

●●●● Diese Punkte zeichnen in den folgenden Kapiteln die Best-of-Hinweise aus

TYPISCH TOSKANA
Das erleben Sie nur hier

● *Chianti wie im Fotoband*
Kirchen und Palazzi, die sich hinter hohen Steinmauern zusammendrängen, schmale Gassen, die zu stimmungsvollen Plätzen führen: Im malerischen *Radda in Chianti* sieht die Toskana aus, wie man sie sich erträumt (Foto re.) → S. 65

● *Lebendige Kleinkunstszene*
Geht im Sommer die Hochkultur in der Stadt in Urlaub, heißt es überall in der Provinz: Bühne frei! Wie in Certaldo, wo sich beim Straßentheaterfestival *Mercantia* Feuerschlucker, Bänkelsänger und Puppenspieler ein Stelldichein geben → S. 117

● *Wind und Wale*
Versprechen können es die Skipper aus Viareggio natürlich nicht. Möglich ist es aber durchaus, dass bei einer der Segeltörns Delphine Ihre Route kreuzen oder in Sichtweite ein Wal seine Kurven durchs Wasser zieht → S. 95

● *Landwirtschaftliche Kooperativen*
In der traditionell „roten" Toskana praktizieren selbst Landwirte und lokale Lebensmittelhersteller den Schulterschluss und vermarkten ihre lukullischen Qualitätsprodukte in Genossenschaftsläden, so etwa die *Cantina Vini di Maremma* bei Grosseto → S. 72

● *Kulinarische Dorffeste*
Landauf, landab künden im Sommer grelle Plakate eine *sagra* an. Das bedeutet: Ein Dorfplatz wird zum Restaurant, Frauen kochen lokale Spezialitäten, Männer und Kinder spielen Kellner, und vom Erlös bekommt der Bolzplatz einen neuen Belag → S. 116

● *Klösterliche Gastfreundschaft*
Zahlreiche Klöster und Pilgerhospize in der Region stehen Ihnen als günstiges Feriendomizil offen, z. B. *La Verna* im Casentino und das Franziskanerkloster *Domus Bernardiniana* bei Massa Marittima → S. 57, 76

● *Ingenieure der Eisenzeit*
Das handwerkliche Können und technische Wissen der Etrusker verdient Bewunderung. Immerhin schnitten die Herren der Maremma schon vor zwei Jahrtausenden ganze Totenstädte und Hohlwege, wie im südtoskanischen *Sovana*, in den weichen Tuffstein → S. 79

BEST OF ...

SCHÖN, AUCH WENN ES REGNET
Aktivitäten, die Laune machen

● *Samt und Seide*
Ihren Ruhm und ihren Reichtum verdankt die Stadt Prato der Textilherstellung. Im dritten Jahrtausend war ihr das endlich ein themenbezogenes *Museum* wert, natürlich in einer ehemaligen Stofffabrik → S. 49

● *Toskanische Unterwelt*
Tropfsteinhöhle und Kupfermine, Etruskergrab und mittelalterliche Kanalisation: das Höhlenlabyrinth *Antro del Corchia* bei Carrara → S. 93

● *Feine Schokolade und Pralinen*
Zwei, drei seiner Pralinen genügen, um auch aus einem Regentag einen guten Tag zu machen. Ein Grund für Sie, im Laden des toskanischen Schokoladeweltmeisters *Andrea Slitti* in Monsummano Terme vorbeizuschauen (Foto li.) → S. 46

● *Monument ungebremster Sammlerlust*
Schon zu Lebzeiten machte der Sammler und Träumer Frederick Stibbert seine florentinische Villa zu einer Art volkskundlichem *Museum*, wo er wie in einer Theaterkulisse zwischen mittelalterlichen Rittern, japanischen Kriegern, chinesischen Prinzessinnen und indischen Maharadschas lebte → S. 112

● *Montagstreff*
Beim wöchentlichen „Degutreff" im *Gut Balduccio* in Lamporecchio wird über Wein und Olivenöl geplaudert sowie getrunken und verkostet. Gastgeber ist der Herausgeber der deutschsprachigen Weinzeitschrift Merum, Andreas März → S. 46

● *Unterwasserwelt*
Im *Aquarium* von Livorno flitzen bunt gemusterte Tropenfische durch die Becken, saugt sich Riesenkrake Otto an der Scheibe fest und ziehen Haie die Besucher in den Bann → S. 80

REGEN

ENTSPANNT ZURÜCKLEHNEN
Durchatmen, genießen und verwöhnen lassen

● *Göttliche Harmonie*
Gott war ein Florentiner! Vielleicht teilen Sie ja diese Meinung des Schriftstellers Anatole France, wenn auch Sie auf der Aussichtsterrasse des *Piazzale Michelangelo* die Sonne genießen, auf Florenz hinunterblicken und sehen, wie harmonisch sich die Stadt in die umliegende Natur einfügt → S. 32

● *Entspannung nach dem Besichtigungsmarathon*
Dicke Füße, wehes Kreuz nach langem Pflastertreten und vielen Stunden im Museum? Eine Wellnesspause mit Aromadusche, Tropenregen oder Sauna im *Hidron* bei Florenz ist da genau das Richtige → S. 39

● *Labsal für die Seele*
Im Kanu entspannt übers Wasser gleiten, vorbei an unberührter Natur, grünen Flussufern, Wildvögeln und weidenden Pferden. Möglich macht diese Form der Meditation der *Naturschutzpark der Maremma* → S. 75

● *Süßes Nichtstun*
Genauso echt und unverdorben wie ganz Pistoia ist sein inoffizielles Wohnzimmer, das historische *Caffè Valiani*. Dort können Sie sich unter freskengeschmückten Gewölben bei Kaffee und Kuchen ganz dem Dolcefarniente hingeben → S. 45

● *Kuren in der Filmkulisse*
Einfach grandios! Mit einer Trinkwasserkur in den *Tettuccio-Thermen* von Montecatini entschlacken Sie nicht nur Ihren Köper. In dem prunkvollen Ambiente, das man aus zahlreichen Filmen kennt, kommt auch das Auge auf seine Kosten (Foto u.) → S. 46

● *Der Weg ist das Ziel*
Schlendern Sie auf der malerischen *Via Vecchia* von Fiesole aus gemütlich den Hügel hinab Richtung Florenz, das sich in der Ferne majestätisch vor Ihnen ausbreitet. Prächtige Villen und weitläufige Parks säumen den Weg, je nach Jahreszeit umschmeichelt Sie der Duft von Jasmin, Wein und Lilien → S. 41

8 | 9

ENTDECKEN SIE DIE TOSKANA!

Eine Straße, ein Haus, eine Kirche, ein blauer Streifen Himmel und Meer und davor eine Herde frei lebender Pferde. Es scheint wie ein Märchen, dabei ist es Realität, heißt es in einem populären toskanischen Lied. In dieser Ode an die toskanische Heimat „La mia Terra" wird anschließend noch die Frage gestellt: Was mag es sein, was einen immer wieder hierher zurückkehren lässt. Die Natur? Die Kunst? Die Geschichte? Die Lebensart?

Die Antwort muss lauten: alles zusammen. Denn gerade diese einzigartige Mischung hat die mittelitalienische Region zwischen der Emilia-Romagna im Norden, Latium im Süden, Umbrien im Osten und dem Tyrrhenischen Meer im Westen zum Inbegriff von Schönheit und Harmonie und zur perfekten Projektionsfläche unserer Sehnsüchte gemacht. Vor allem das Chianti zwischen Florenz und Siena steht für diese Bilderbuch-Toskana: mit seinen gestaffelten Hügelketten, den silbrig schimmernden Olivenbäumen und akkurat angelegten Weinbergen auf roter Erde, dazwischen steingraue Mauern, weidende Schafe und von dunkelgrünen Zypressen gesäumte feuda-

Bild: Val d'Orcia

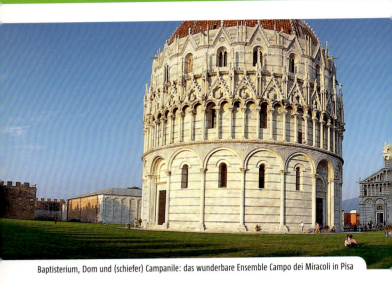

Baptisterium, Dom und (schiefer) Campanile: das wunderbare Ensemble Campo dei Miracoli in Pisa

le Villen und Bauernhäuser, wo man im Licht der Abendsonne bei Wein und gutem Essen zusammensitzt. Es ist eine aus der Zeit gefallene Welt, die die Seele anrührt.

Dabei wurde in dieser vollendeten Symbiose von Mensch und Natur nichts dem Zufall überlassen. Vielmehr ist es eine vom Menschen geprägte Landschaft, in der Generationen von Bauern und Winzern, Waldarbeitern und Gärtnern, Baumeistern und Steinmetzen eine steinige, karge Wildnis kultiviert und zur fruchtbaren Terrassenlandschaft umgestaltet haben. Mit demselben Gespür für die schöne Form sorgen die Toskaner noch heute dafür, dass ihr Erbe aus der Vergangenheit erhalten bleibt. Sie haben den Respekt vor der Natur nicht verlernt und schützen sie, wie ihr reiches Kulturerbe, mit strengen Gesetzen.

Gleichzeitig steht die knapp 23 000 km² große Region (das entspricht etwa der Größe Mecklenburg-Vorpommerns) für eine enorme Vielfalt: mit hochberühmten Teil-

10.–6. Jh. v. Chr.
Blüte der etruskischen Kultur

um 300 v. Chr.
Die Etrusker verlieren ihre Vorherrschaft an Rom

5.–7. Jh. n. Chr.
Völkerwanderung: Nacheinander herrschen Westgoten, Ostgoten, Byzantiner und Langobarden im Gebiet der Toskana

ab 774
Herrschaft der Franken unter Karl dem Großen

11. Jh.
Die Spannungen zwischen Kaiser und Kirche teilen die Städte der Toskana in zwei unversöhnliche Parteien: kaisertreue Ghibellinen und papsttreue Guelfen

AUFTAKT

gebieten – das Chianti eben, die Maremma, das Casentino, die Küste der Versilia – und mit einer Vielzahl an Landschaftsformen, wie Sie bei der Fahrt durch die Region erleben werden.

Von Norden kommend heißt es zunächst den Appenin zu überwinden, dessen zum Teil mehr als 1000 m hohe Berge im Westen sogar zu einem zerklüfteten Karstgebirge ansteigen. An der Südseite gehen die dicht bewaldeten Abhänge dann langsam in sanfte Hügel über, die knapp 70 Prozent der gesamten Region ausmachen. Mal gleichen sie einer bukolischen Gartenlandschaft, wie bei Florenz und Lucca, mal sind sie spröde und steppenartig, wie in den Crete bei Siena, dann wieder wild und undurchdringlich, wie im toskanischen „Erzgebirge", den Colline Metallifere. Im Westen dann stößt die Region ans Tyrrhenische Meer. Sie besitzt einen rund 300 km langen Küstenstreifen, an dem sich lange, weite Sandstrände mit kleinen, versteckten Kieselbuchten und schroffen Felsklippen abwechseln. An klaren Tagen sehen Sie dort Elba und die anderen vorgelagerten Inseln des Toskanischen Archipels liegen, über die es – ebenso wie über die Hauptstadt Florenz – einen eigenen MARCO POLO Reiseführer gibt.

Doch ist die Toskana natürlich nicht nur eine von der Natur gesegnete Landschaft – schließlich gibt es hier Kunst und Kultur

Vollendete Symbiose von Mensch und Natur

im Übermaß. An die 500 Museen, 3500 Kirchen, 300 Ausgrabungsstätten sowie ungezählte Baudenkmäler machen die Region zu einer der reichsten Kulturlandschaften überhaupt. Schon vor drei Jahrtausenden schufen die Etrusker hier die erste Hochkultur auf der Apenninhalbinsel. Knapp 2500 Jahre später leiteten Humanismus

12./13. Jh.
Gründung der autonomen Stadtrepubliken

1434
Cosimo de' Medici übernimmt die Macht – es beginnt eine drei Jahrhunderte andauernde Hegemonie der Familie, zunächst in Florenz, später dann in der ganzen Toskana

1737
Die Toskana fällt an Österreich-Lothringen

1799–1815
Napoleons Toskana-Intermezzo

1860
Die Bevölkerung stimmt für den Anschluss an das Königreich Sardinien-Piemont

und Renaissance die Neuzeit ein, die den Menschen zum Maß der Dinge machte. Diese Revolution in Kunst, Architektur und Philosophie lockte Künstler und Baumeister an, darunter Erneuerer wie Giotto, Leonardo da Vinci, Michelangelo, Brunelleschi und Piero della Francesca. Überall hinterließen sie ihre Spuren, vor allem in den toskanischen Kunststädten: im mittelalterlichen Siena, in Pisa mit seinem berühmten

> **Das moderne europäische Stadtbürgertum wurde hier erfunden**

Marmorensemble rund um den Schiefen Turm, im eleganten und behaglichen Lucca, geschützt von seinen begehbaren Mauern, und natürlich in Florenz. Nirgendwo sonst ist auf so engem Raum so viel Kunst versammelt wie in diesem politischen und wirtschaftlichen Zentrum der Toskana. Die ganze Stadt ist ein einziges Kunstwerk, wo noch jedes kleine Detail von der Geschichte erzählt: von den Römern, die Florentia gründeten, von den selbstbewussten, freien Bürgern im Mittelalter, die hier das moderne europäische Stadtbürgertum erfanden, oder von den Handwerkern, die mit ihrer Kunstfertigkeit die Grundlage für Ruhm und Reichtum der Stadt legten.

Doch auch damit ist längst noch nicht alles erfasst, was die Toskana ausmacht. Wer sich für Land und Leute interessiert, muss sich auf den kurvigen Nebenstraßen in die Toscana Minore wagen, die Toskana der kleinen Dörfer. Über das gesamte Territorium verteilt hat sich im Lauf der Zeit auf fast jedem Hügel, fast jeder Bergkuppe ein malerischer Ort aus einer etruskischen Siedlung, einer römischen Festung, einer mittelalterlichen Burg entwickelt. Heute schlendert man hier durch gelebte Geschichte und kann in den schmalen Gassen und auf den Plätzen, bei einem *gelato* oder einem Glas Wein, die heitere Gelassenheit toskanischer Lebensart genießen. Dazu gehört der nachmittägliche Plausch auf der Bank neben der Haustür ebenso wie eine Kartenpartie in der Dorfbar, das abendliche Flanieren über die Piazza genauso wie das jährliche Dorffest, die *sagra,* wo die Bewohner lokale Spezialitäten servieren.

Jeder dieser Orte ist anders schön, und alle sind sie gleichermaßen stolz auf ihre Geschichte. Dafür gibt es sogar einen Begriff: *campanilismo.* Dessen wörtliche Übersetzung „Kirchturmpolitik" hat einen abwertenden Beiklang von Provinzialität. Doch bildet der *campanilismo* vielmehr die Grundlage für den ausgeprägten Individualismus der gut 3,7 Mio. Toskaner, die – stets ihrer großen Kultur und ihrer Herkunft

1865–70
Florenz ist Hauptstadt des neuen Königreichs Italien

1944
Der deutsche Verteidigungswall im Apennin verläuft an der Nordgrenze der Toskana, die so zum Kampfgebiet wird

1999
Als Città Slow, ein Netzwerk für Umweltschutz und Lebensqualität, gegründet wird, ist die Toskana ganz vorne dabei

2008/2011
Bei den Parlamentswahlen wird die Regierung unter Ministerpräsident Silvio Berlusconi bestätigt, die Toskana bleibt jedoch – wie auch bei Kommunalwahlen 2011 – Bastion der Linken

AUFTAKT

bewusst – genau wissen, dass die Zukunft ein antikes Herz hat und sich Fortschritt immer auf Tradition gründet.

Natürlich existiert daneben auch eine Alltagstoskana, die mit denselben Problemen zu kämpfen hat wie andere Regionen auch: Verkehrsinfarkt, Luftverschmutzung, Umweltsünden. Doch diese Plagen der Moderne halten sich in Grenzen. Millionenstädte, Intensivlandwirtschaft, Industriezentren? Fehlanzeige! Mit wenigen Ausnahmen, wie in der zersiedelten Ebene um Florenz, leben die Toskaner klugerweise in überschau-

Lohnt den Aufstieg: Von der Torre del Mangia liegt Ihnen Sienas Dächermeer zu Füßen

baren Orten, wo der Mensch das Maß der Dinge geblieben ist. Und ob im Alltag, in der Wirtschaft, wo mittelständische Betriebe und das Handwerk dominieren, oder in der Landwirtschaft, wo man erfolgreich auf Anbau, Aufzucht und Herstellung von Qualitätsprodukten setzt, überall heißt es: *Piccolo è bello* – klein, aber fein.

Qualität statt Quantität, dieses toskanische Leitmotiv, gilt auch für die Toskana als Ferienregion, in die neben den klassischen Kulturtouristen heute mehr und mehr auch Erholungsuchende, Aktivurlauber und Genießer strömen. Sie finden hier ein nachhaltiges Urlaubsparadies, wo behutsam mit den Ressourcen umgegangen wird und wo man sich anstatt in Bettenburgen in einem *agriturismo* einmietet, der italienischen Form von Ferien auf dem Bauernhof. In malerisch restaurierten Gutshöfen, hochherrschaftlichen Villen oder Landgütern mit Pool und Garten findet man die idealen Bedingungen, um dieses Reich der Sinne schauen, riechen und auch schmecken zu können.

> **Der Mensch ist hier das Maß der Dinge**

IM TREND

1 Zack, Bang, Plonk

Comics Graphic Novels sind nicht mehr nur für Kinder. Die erwachsenen Comics sind wahre Kunstwerke, und Italiens Hauptstadt der „Bilderbücher" liegt in der Toskana. In Lucca findet nicht nur das Comicfestival Lucca Comics & Games statt. Dort steht auch das Comicmuseum *Museo Nazionale del Fumetto (Piazza San Romano 4).* Wer nicht nur gucken, sondern auch kaufen will, geht zu *Il Collezionista (Piazza San Giusto 1).* Und nahebei, in Pescia, befindet sich *L'Elefante (Viale Europa 16),* eine Bücherei ausschließlich für Comics.

Zum Anbeißen 2

Wellness Olivenöl, Meersalz und Wein sind die Schönmacher in den *Terme San Giovanni (Via Terme San Giovanni 52, Rapolano Terme).* Dort sorgen die Naturzutaten für zarte Haut. Im *Fonteverde Natural Spa* bei San Casciano dei Bagni setzen die Beautyprofis ebenso auf Naturpower wie im *L'Andana Espa (Badiola, Foto).* Der Geheimtipp des *Spa of the Senses* in den *Terme Sensoriali (Piazza Martiri Perugini, Chianciano Terme)* ist die Weintherapie – äußerlich angewandt, versteht sich.

3 Designerpalazzo

Alt & neu In Florenz' Zentrum liegt das *Una Hotel Vittoria (Via Pisana 59).* Halb Palast, halb Designherberge, bringt die Unterkunft Herzen zum Höherschlagen. Mehr als 100 Jahre zählt die *Villa Fortelunga (Via Cunicchio 5, Foto)* in Pozzo, verstaubt ist das Hotel aber keineswegs. Philip Robinson sorgte dafür, dass iPod-Dock und Antiquitäten harmonieren. Jeder Besuch im *Gallery Art Hotel (Vicolo dell'Oro 5)* in Florenz ist anders – dank der wechselnden Kunstausstellungen.

In der Toskana gibt es viel Neues zu entdecken. Das Spannendste auf dieser Seite

Tanz mit dem Wind

Kitesurfen Hat man den Dreh erst einmal heraus, ist der rasante Ritt auf den Wellen ein riesiger Spaß. Ein guter Lehrer ist beim Kiten deshalb unverzichtbar. Die Profis von *Surf Relax (Via Amorotti 2, www.surfrelax.it)* in Follonica helfen beim Einstieg und stehen auch Könnern noch mit Tipps zur Verfügung. Weiter südlich, in Talamone, bietet die Kiteschule *TWKC (Via Talamonese, www.twkc.it)* Kurse an. Außerdem können Sie dort auch Schirm, Brett und Co. leihen. Wer nur die Ausrüstung benötigt, wird im nahen Fonteblanda im *TWKC Shop (Via Aurelia Vecchia 41m)* oder bei *Hoasy Surf (Via Cestoni 61, www.hoasy surf.it)* in Livorno fündig. Die besten Windverhältnisse herrschen in der Regel rund um Castiglione della Pescaia.

4

Ohne Schnickschnack

Fiaschetteria Kleine Speisen, ein Glas Wein am Tresen und dazu ein Schwatz mit Barmann oder -frau. In den *fiaschetterie* geht es gemütlich und bodenständig zu. Es wird Wein verkauft und getrunken, und oftmals stehen auch hausgemachte und regionale Spezialitäten zum Verkauf. Die *Fiaschetteria Nuvoli (Piazza dell'Olio 15)* in Florenz ist bei den Einheimischen wegen ihrer kleinen Preise und leckeren Speisen beliebt. Wenn Sie das Sträßchen hinuntergehen, landen Sie bei *La Mescita (Via degli Alfani 70 r)*. Hier wandern bereits seit 1927 knusprige *panini* über den Tresen. Seit Kurzem entdecken auch die jungen Florentiner diese kleinen Gastroperlen wieder. Auch außerhalb von Florenz gibt es *fiaschetterie*, etwa das *Caffè Fiaschetteria Italiana (Piazza del Popolo, www.caffefiaschetteriaitaliana.com)* in Siena. Auch das gibt es bereits seit 1888.

5

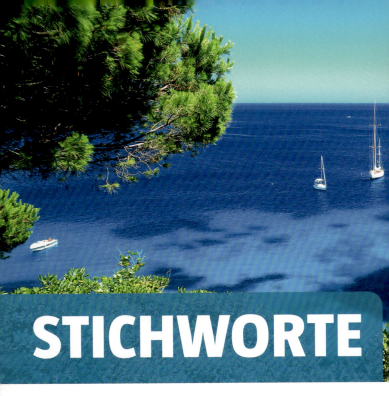

STICHWORTE

AGRITURISMO

Überall weisen Schilder den Weg zu meist aufwendig renovierten Ferienwohnungen in malerisch gelegenen Bauernhäusern und Weingütern, die mit allem erdenklichen Komfort ausgestattet sind. Inklusive Swimmingpool, der in dieser Region mit Wasserproblemen im Sommer eigentlich nichts verloren hat. Mit der ursprünglichen Idee, Kleinbauern eine zusätzliche Einnahmequelle zu garantieren und Naturliebhabern einen authentischen Einblick in das bäuerliche Leben zu ermöglichen, haben diese schicken Urlaubsunterkünfte nicht mehr viel zu tun. Zwar betreiben einige Anbieter noch immer Oliven- oder Weinanbau und züchten andere heimische Tierrassen, doch ist Landwirtschaft häufig nur noch dekoratives Beiwerk fürs Tourismusgeschäft, das längst Haupterwerb ist. Die Ferienbauernhöfe der Anfangszeit findet man am ehesten noch in touristischen Randgebieten.

CITTÀ SLOW

Italienisch für „Stadt" und Englisch für „langsam": Kommunen, die sich mit dieser Bezeichnung schmücken, zeigen an, dass sie sich verpflichtet haben, auf Gemeindeebene die traditionellen Strukturen zu erhalten, Autos aus der Innenstadt zu verbannen, sich vorwiegend mit lokalen Produkten zu versorgen und nachhaltige Energien zu nutzen. Die Initiative zur Entschleunigung wurde 1999 von Slow Food initiiert, der weltweiten Bewegung für den Erhalt biologischer

Bild: Insel Giglio im Naturschutzpark Toskanischer Archipel

Ohne Kultur geht nichts im Ursprungsland der Renaissance – das gilt auch im Alltag, ob bei der Stadtplanung oder bei Essen und Trinken

Vielfalt und regionaler Spezialitäten. Erklärtes Ziel ist es, lebenswerte, nachhaltig wirtschaftende Orte zu fördern. Gründungsmitglied der mittlerweile internationalen Aktion war das Weinstädtchen Greve in Chianti.

DOP & IGP

In der hügeligen, manchmal bergigen Region sind Intensivlandwirtschaft und Massentierhaltung fast unmöglich. Zum Glück, kann man angesichts immer häufiger auftretender Lebensmittelskandale nur sagen! Denn um konkurrenzfähig zu bleiben, haben sich viele toskanische Landwirte und Lebensmittelhersteller auf Anbau und Herstellung lokaler Qualitätsprodukte spezialisiert. Die Liste reicht vom Kastanienmehl aus der Garfagnana über eine besonders schmackhafte, weiße Hühnerrasse aus dem oberen Arnotal und Schafskäse aus Pienza bis zum zarten Schinken der heimischen Schweinerasse Cinta Senese aus dem Gebiet um Siena. In der Regel sind diese lokalen Produkte mit der geschützten Ursprungs-

18 | 19

bezeichnung DOP (Denominazione d'Origine Protetta) gekennzeichnet. Sie garantiert, dass sie auf traditionelle Weise angebaut bzw. gezüchtet und verarbeitet werden. Weniger streng sind die Vorgaben für die geschützte geografische Angabe IGP (Indicazione Geografica Protetta). Um dieses Siegel zu erhalten, reicht es aus, wenn einer der Produktionsschritte in der Herkunftsregion stattfindet.

nung bereits untergegangen war. Gleichwohl haben die Etrusker als großartige Bautechniker und Handwerker unauslöschliche Spuren hinterlassen. Seinen Reichtum verdankte das friedliebende Volk, bei dem Frauen den Männern ebenbürtig waren, dem Abbau und der Verarbeitung von Eisenerz. Ungewöhnlich war ihr ausgeprägter Totenkult. Ihre Totenstädte, die Nekropolen, waren für die

Von außen ist die Gräberpracht nicht zu erahnen: Etruskernekropole in Populonia

ETRUSKER

„Die Etrusker waren, wie jeder weiß, das Volk, das in der römischen Frühzeit Mittelitalien bewohnte und das die Römer, auf ihre übliche gutnachbarliche Manier, völlig ausrotteten, um für Rom Raum zu schaffen." Noch Fragen? So trocken resümiert Reiseschriftsteller D. H. Lawrence das Ende des Volks, das um 1000 v. Chr. vermutlich aus Kleinasien zuwanderte, sich im Dreieck zwischen Tyrrhenischer Küste, Arno und Tiber niederließ und vor Beginn unserer Zeitrech-

Ewigkeit gebaut, ihre prächtigen Gräber mit allem ausgestattet, was das Leben angenehm macht. Was man heute über sie weiß, stammt aus diesem Nachlass.

GUELFEN UND GHIBELLINEN

Papstanhänger und Kaisertreue – heute würde man wohl linke Mitte und rechte Mitte sagen –: Das Gegensatzpaar taucht erstmals um 1215 auf und wird noch immer bei politischen Auseinandersetzungen bemüht. Im Mittelalter ahnten die

STICHWORTE

autonomen Stadtrepubliken, dass sie nicht ohne mächtige Schutzherren gegen den Expansionsdrang der Nachbarn auskommen würden. Zur Wahl standen die Anhänger der deutschen Welfenfürsten, die die Politik des Papsttums unterstützten, und die Parteigänger der Staufenkaiser aus Waiblingen, die die Trennung von Kirche und Macht forderten. Florenz und Lucca entschieden sich für die Guelfen, weil die Kirche mit ihren internationalen Verbindungen den Handel begünstigte. Arezzo, Pisa und Siena schlossen sich den Ghibellinen an, weil sie sich dort Unterstützung gegen den florentinischen Expansionsdrang erhofften. Dabei dachten die Guelfen zeitgemäßer als die Ghibellinen, die die Macht beim Adel lassen wollten. Die Papstanhänger hingegen wollten die Großkaufleute, die am Wohlstand der Städte wesentlichen Anteil hatten, an der Regierung teilhaben lassen. Schon bald galt die Zugehörigkeit zur Partei mehr als die zur eigenen Stadt. Deswegen kämpften ghibellinische Florentiner beispielsweise auf der Seite Sienas, guelfische Sienesen für Florenz.

HISTORISCHE WETTKAMPFSPIELE

Viele toskanische Stadtfeste haben Wettkampfcharakter: Bei einem Rennen oder beim Bogenschießen treten Vertreter von Stadtvierteln in prachtvollen Kostümen gegeneinander an. Den Gewinnern winkt eine Trophäe. Meistens werden die Spiele von prächtigen Umzügen sowie einem Gelage begleitet und erinnern an ein Ereignis aus der Stadtgeschichte. Das ziemlich derbe Ballspiel Calcio in Costume in Florenz etwa wiederholt einen Wettkampf zwischen Florentinern und kaiserlichen Truppen aus dem Jahr 1530. Mit wenigen Ausnahmen, wie dem Palio von Siena, waren diese Stadtfeste zwischenzeitlich

in Vergessenheit geraten und wurden erst in den 1960er-Jahren aus der Mottenkiste der Erinnerung gegraben.

KÜNSTLERGÄRTEN

Die Toskana übt seit jeher große Anziehungskraft auf Künstler aus aller Welt aus. Fasziniert vom großen Kulturerbe und dem milden Klima haben sich daher auch zahlreiche zeitgenössische Maler und Bildhauer hier niedergelassen. Sie wollten sich in der alten Kulturlandschaft ihren Traum vom Rückzugsort auf dem Land verwirklichen, dort im Einklang mit der Natur in Ruhe arbeiten und leben. Dabei haben sie oftmals die Umgebung in ihre Arbeit mit einbezogen oder einen Skulpturengarten mit eigenen Werken und denen von Freunden angelegt. Das Spektrum der heutigen Künstlergärten reicht vom kunterbunten Monument einer Liebe über einen Klanggarten, wo der Wind auf den Skulpturen spielt, bis zum Landschaftsgarten mit Auftragsarbeiten weltbekannter Künstler. Viele sind zumindest im Sommer für Besucher geöffnet.

MACCHIA

Wie überall im Mittelmeerraum trifft man auch in der Toskana auf dieses niedrige, undurchdringliche Buschwerk aus Lorbeer, Ginster, Wacholder, Erdbeerbaum, Baumheide und Myrte. Das war nicht immer so – in der Antike war die gesamte Region von dichten Wäldern aus Eichen, Buchen und Tannen überzogen. Vor allem im Küstenbereich verschwanden viele durch rigorose Abholzung. Etrusker, Römer und mittelalterliche Eisenhüttenbesitzer befeuerten damit ihre Brennöfen. Die freigelegten Flächen wurden Opfer der Bodenerosion. In deren Folge breitete sich die genügsame, immergrüne Macchia aus, die sich optimal der sommerlichen Hitze anpasst.

MEDICI

Keine andere toskanische Familie hat derart viele Spuren hinterlassen wie die Medici, die vor knapp 600 Jahren den Aufstieg von kleinen Krämern zu absolutistischen Fürsten schafften. Aus dem Mugello im Nordosten der Toskana zugewandert, übernahmen sie 1434 die Macht in der Stadtrepublik Florenz. Als Bankiers des Papsts waren sie zu Geld und Einfluss gekommen. Von kleinen Unterbrechungen abgesehen, bestimmten sie fast 300 Jahre lang die Geschicke der Renaissancestadt und später der gesamten Toskana. Berühmtheit erlangten die Medici auch als bedeutende Kunstmäzene. Doch förderten sie Kunst und Architektur nicht ohne Hintergedanken. Heutigem Sponsoring nicht unähnlich, nutzten sie sie als Propagandamittel, um neben Macht und Reichtum auch ihren Ruhm zu mehren. Im Gegenzug bekamen die Künstler freie Hand. Das machte Florenz zum Mekka für Maler, Bildhauer und Baumeister und ist der Grund, warum die Arnostadt heute ein einziges Museum ist.

MEZZADRIA

Noch bis in die Mitte des 20. Jhs. wurde in der toskanischen Landwirtschaft dieses System der Halbpacht praktiziert. Der Grundbesitzer stellte Land, Haus, Vieh, Saatgut und Gerät, der Halbpächter, der *mezzadro,* bestellte die Felder und musste die Hälfte seiner Erträge abgeben. Die Landbesitzer konnten gut davon leben, die Pächter verarmten. Zwar ermöglichte es ihnen eine Landreform in den 1950erJahren, die Häuser zu kaufen, doch fehlte ihnen dafür oft das Geld, und sie wanderten in die Städte ab. Anfangs kauften Ausländer die verlassenen Höfe; heute werden sie wieder vorwiegend von Italienern bewohnt oder an Feriengäste vermietet.

NATURSCHUTZPARKS

Nicht nur die zahllosen Kulturdenkmäler stehen in der traditionell links regierten Toskana unter Schutz, auch ein großer Teil der abwechslungsreichen Naturlandschaft: gut zehn Prozent des Territoriums, rund 2200 km², so viel wie in keiner anderen italienischen Region. Da sind zunächst die beiden Nationalparks: der Park des Toskanischen Archipels, das größte Meeresschutzgebiet im Mittelmeer, und der Parco Nazionale delle Foreste Casentinesi mit riesigem Baumbestand, wunderschönen Wasserfällen und abwechslungsreicher Fauna. Darüber hinaus gibt es rund 100 mehr oder minder große lokale und regionale Parks sowie Schutzreservate. In der Regel verfügen sie über ein Besucherzentrum mit detailliertem Informations- und Kartenmaterial.

PIEVE

Es ist kein Zufall, dass sich die kleinen, schlichten Landkirchen, die zu den ältesten Zeugnissen toskanischer Sakralbaukunst gehören, in der Regel außerhalb der Ortschaften befinden. Sie wurden ab dem 11. Jh. an wichtigen Routen errichtet, damit sowohl die Bewohner als auch Durchreisende sie problemlos erreichen konnten. Meist waren es Pfarrkirchen, zu erkennen am Taufbecken und an einem eigenen Friedhof. Erbaut aus heimischen Materialien – roh behauenen Steinen, Holz und Terrakotta –, folgen sie im Innern dem einfachen Grundriss einer altchristlichen Basilika. Sie besitzen ein gewölbeloses Langhaus, das hinter dem Chorraum in die Apsis übergeht, und sind meist ohne Querschiff.

RENAISSANCE

Die Wiedergeburt – auf Italienisch *rinascita* – antiker Ideale in Philosophie, Wissenschaft und Kunst: Diesen Begriff für die Zeit zwischen 1400 und 1600, in

STICHWORTE

der ein tief greifender kultureller Wandel stattfand, prägte der Maler und Architekt Giorgio Vasari. Im Mittelalter besaß die Kirche das Bildungsmonopol, und so dominierte ihr ganz auf Gott bezogenes Weltbild. Die florentinischen Humanisten um Francesco Petrarca kanzelten die Epoche als „dunkel" und sinnenfeindlich ab und propagierten stattdessen ein dem Diesseits und natürlicher Sinnlichkeit zugewandtes Lebensgefühl, in dem der Mensch das Maß war und zur Eigenverantwortung angehalten wurde. Angeregt vom humanistischen Denken, ließen auch Künstler die wiederentdeckte Diesseitsfreude in ihre Arbeit einfließen: Anstatt weiterhin symbolhaft und starr ihre Motive darzustellen, konzentrierten sie sich auf die wirklichkeitsgetreue Darstellung von Mensch und Landschaft. Gleichzeitig wurden in der Architektur die himmelwärts aufstrebenden Linien der Gotik von den breit angelegten Renaissancebauten mit der Betonung der Horizontalen abgelöst.

WEINSTRASSEN

Dass die Toskana auch ein Land der kulinarischen Hochkultur ist, davon zeugen nicht weniger als 15 Weinstraßen, die sich durch die Toskana schlängeln. Wie der Name sagt, dreht sich dort zunächst alles um den Wein. Braune Hinweisschilder weisen Sie auf die am Wegrand liegenden Weingüter, Kellereien und Önotheken hin. Doch kommen auch andere kulinarische Spezialitäten des jeweiligen Gebiets sowie Kulturdenkmäler nicht zu kurz. So lockt beispielsweise die Strada del Vino Vernaccia di San Gimignano mit Safran, der im Umland angebaut wird. An der Strada del Vino Costa degli Etruschi können Sie sich in Ölmühlen über die Gewinnung von kalt gepresstem Olivenöl informieren. Die Strada del Vino Nobile di Montepulciano macht einen Schlenker zu den Schwefelthermen von Bagno Vignoni, und Kastanienprodukte aus den Wäldern des Monte Amiata gehören zu den Attraktionen der Strada del Vino di Montecucco.

Der Neptun an Florenz' Piazza della Signoria trägt die Gesichtszüge von Cosimo I. de' Medici

ESSEN & TRINKEN

Wenige, aber dafür nur die allerbesten Zutaten: So lautet das Grundprinzip der traditionellen toskanischen Küche. Raffinesse liegt den Toskanern nicht. Sie wollen die einzelnen Bestandteile eines Gerichts herausschmecken.

Sie kochen vorwiegend mit frischen Produkten aus dem regionalen Angebot – eine Bauernküche eben, bei der auf den Tisch kommt, was Garten, Stall und Wald zur jeweiligen Jahreszeit hergeben. Wichtigste Zutat ist kalt gepresstes Olivenöl; tierische Fette werden kaum verwendet. Die viel gepriesene mediterrane Diät aus leichten Gerichten – in der Toskana ist sie eine wohlschmeckende Selbstverständlichkeit.

Antipasto, *primo, secondo,* Dessert: Sich durch die komplette Speisefolge zu essen ist mittlerweile auch in der Toskana selten geworden. Das geschieht nur noch, wenn Gäste kommen, man sich im Restaurant mit Freunden und Kollegen trifft oder an Feiertagen, wenn sich die ganze Familie um den Tisch versammelt. Immer dabei sind *acqua minerale, liscia* (still) und *gasata,* lokaler Rotwein *(vino di casa)* und salzloses Brot. Denn auf Salz kann man bei den wohlriechenden Kräutern und frischen Aromen gut verzichten.

Zur *prima colazione,* zum Frühstück, bevorzugt man Gebäck und Kaffee, am liebsten in der Bar an der Ecke. Damit fahren auch Sie oft besser als mit dem phantasielosen Frühstücksbuffet im Hotel. Bestellen Sie dort nur Espresso *con latte caldo* oder Cappuccino – ansonsten wird Ihnen gerne schon mal Instantkaf-

Erstklassige, frische Grundprodukte: Das ist die so gesunde wie wohlschmeckende Grundlage toskanischer Kochkunst

fee *(caffè americano)* als Caffè Latte serviert.

Antipasti sollen die Gäste bei Laune halten, während sie auf die frisch zubereiteten Speisen warten. Typisch für die Toskana sind *crostini* oder Bruschetta mit in Öl eingelegtem Gemüse, *prosciutto* mit Melone oder ein *pinzimonio,* ein Rohkostgemisch mit Olivenöl. Darauf folgt der *primo piatto,* der erste Gang, meist Pasta oder auch, typisch für die Toskana, eine deftige Gemüsesuppe. Der Hauptgang, das *secondo,* besteht aus Fisch oder Fleisch; die Salat- oder Gemüsebeilage *(contorno)* wird, wenn gewünscht, gesondert dazubestellt. Den Abschluss bilden Obst, Schafskäse oder *cantuccini,* die harten Mandelplätzchen aus Prato, die in den Dessertwein *vin santo* getunkt werden.

Wer gerne Eis mag, findet überall eine *gelateria.* Achten Sie auf den Zusatz *artigianale* (selbst gemacht) und darauf, dass das Eis nicht zu Bergen aufgetürmt ist: ein untrügliches Zeichen, dass mit Zusatzstoffen gearbeitet wird.

24 | 25

SPEZIALITÄTEN

- **aglio, olio, peperoncino** – klein gehackter Knoblauch und Chilischoten, in kalt gepresstem Olivenöl angedünstet – als Pastasauce unschlagbar
- **arista alla fiorentina** – im Ofen gebackener Schweinebraten, mit Knoblauch und Rosmarin gewürzt
- **bistecca alla fiorentina** – T-Bone-Steak, am besten von den weißen Chianinarindern aus dem Chianatal. Das Fleisch wird ohne Fett und Salz auf einen Holzkohlegrill gelegt und erst anschließend nur mit etwas Olivenöl bestrichen
- **bollito con salsa verde** – gemischtes gekochtes Fleisch (Huhn, Rind, Zunge ...) mit Sauce aus Kräutern und Olivenöl
- **bruschetta** – geröstetes Weißbrot, mit Knoblauch, Salz, Olivenöl und eventuell Tomaten bestrichen (Foto li.)
- **cacciucco alla livornese** – sämige Fischsuppe aus allem, was das Meer zu bieten hat
- **castagnaccio** – Kuchen aus Kastanienmehl mit Pinienkernen und Rosmarin
- **crostini** – geröstetes Weißbrot, meist mit einer Farce aus Geflügelleber
- **fagioli all'uccelletto** – weiße Bohnen in Tomatensauce mit Salbei
- **panforte/panpepato** – Gewürzkuchen mit Mandeln und kandierten Früchten aus Siena, vor allem zu Weihnachten
- **pappa col pomodoro** – ein *primo* aus Tomatensauce und altbackenem Brot
- **peposo** – toskanisches Kalbsgulasch mit viel schwarzem Pfeffer und Rotwein
- **pici** – dicke Hartweizennudeln, gut vor allem zu herzhaften Fleischsaucen
- **pinzimonio** – Karotten, Fenchel, Selleriestangen, roh in eine Mischung aus Olivenöl und Salz getaucht
- **ribollita** – Suppe aus weißen Bohnen, Kohl und Suppengemüse, am besten, wenn sie aufgewärmt („ribollita") ist (Foto re.)
- **trippa alla fiorentina** – Kalbskutteln mit Tomatensauce und Suppengemüse
- **zuppa di farro** – Dinkelsuppe mit Suppengemüse und Schwarzkohl

In Touristenorten werden häufig Festpreismenüs *(menú turistico)* angeboten. Wer lieber selber wählt, muss tiefer in die Tasche greifen. Zusätzlich fällt in Italien das *coperto* an, eine pauschale Gebühr für Gedeck und Brot. Der *servizio*, der Aufschlag für die Bedienung, ist hingegen meist im Preis inbegriffen. Trinkgeld geben Sie also nur, wenn Sie zufrieden waren.

www.marcopolo.de/toskana

ESSEN & TRINKEN

Die Grenzen zwischen den verschiedenen Lokaltypen – *ristorante, trattoria, osteria, pizzeria, rosticceria, enoteca* – sind verwischt. Es lassen sich auch keine Rückschlüsse auf die Preiskategorie zu. Wer sich vor Überraschungen schützen will, sollte vorher einen Blick auf die draußen angeschlagene Speisekarte werfen.

Bars gibt es an jeder Ecke. Morgens trinkt man hier seinen Cappuccino zu einer *brioche*, einem Croissant oder einem anderen süßen Gebäckstück. Mittags gibt es Sandwiches (*panini* oder die dreieckigen *tramezzini* aus ungetoastetem Toastbrot) und Salat, und gegen Abend nimmt man hier seinen *aperitivo*. Man bezahlt dann zwar einen etwas überhöhten Preis fürs Getränk, darf sich dafür aber gratis am Fingerfoodbuffet bedienen. In den *pasticcerie* gibt es die süßen Sünden, die man als Gast oft zu Abendeinladungen mitbringt.

Sieben DOCG, 36 DOC, sechs IGP: So lautet die Visitenkarte der Toskana in Sachen Wein. Damit steht die Region ganz oben auf der Liste der italienischen Qualitätsweine mit kontrolliertem bzw. kontrolliertem und garantiertem Gütesiegel. Und das ist nur die Spitze des Eisbergs oder besser gesagt des Weinbergs. Denn in den über 40 Anbaugebieten der Region verbergen sich auch hinter der Kategorie *vino da tavola* häufig Spitzenweine wie etwa der Sassicaia, einer jener in der Weinwelt legendären „Supertuscans", die seit Jahren überall Preise abräumen. Ein Tipp für Unsichere: Steht auf dem Etikett der Hinweis *prodotto e imbottigliato all'origine*, also produziert und abgefüllt am Ursprungsort, sind Sie auf der sicheren Seite: Hier garantiert ein Winzer mit seinem Namen für Qualität.

Traditionsgemäß sieht die Toskana rot, was Wein betrifft. Brunello di Montalcino, Vino Nobile di Montepulciano, Chianti Classico und neuerdings Morellino di Scansano sind die Bestseller der Region. Was sie alle gemeinsam haben, ist die Sangiovesetraube, die toskanische Rebsorte schlechthin.

Doch längst machen auch Weißweine von sich reden, vor allem der trockene und fruchtige Vernaccia di San Gimigna-

Der Klassiker unter den roten Toskanern: natürlich ein Chianti

no aus einer ebenfalls typisch toskanischen Rebsorte. Die anderen Trauben haben in der Regel einen Migrationshintergrund, wie der Merlot, der Cabernet Sauvignon oder der bisher vor allem aus Sardinien bekannte Weißweinrebe Vermentino, der aktuelle Star am toskanischen Weißweinhimmel.

Der süße *vin santo* ist der toskanische Dessertwein schlechthin. Die weißen Trauben werden in einem gut belüfteten Raum aufgehängt, getrocknet und anschließend mindestens drei Jahre lang gelagert.

EINKAUFEN

Wer sich etwas gönnt, tut seiner Seele einen Gefallen. Für diese Form von Wellness ist die Toskana die ideale Gegend, denn das Gespür für die gute Form hat hier eine lange Tradition. Hier das toskanische Einkaufseinmaleins.

ACCESSOIRES

Italienische Eleganz, das sind vor allen Dingen die schmückenden Kleinigkeiten, das raffinierte Halstuch, der tolle Hut, die handgearbeiteten Schuhe, der ausgefallene Modeschmuck, die bestickte Serviette aus feinem Tuch für die Festtagstafel. Stilsicher wissen die von Schönheit verwöhnten Toskaner, was wann wie wozu am besten passt. Wer es sich leisten kann, kauft sich die schönen Dinge in den traditionellen Fachgeschäften oder den Luxusläden der internationalen Modedesigner, die bekanntlich mit Accessoires ihr Hauptgeschäft machen. Doch auch mit kleinem Geldbeutel können Sie fündig werden: in den kleinen Gemischtwarenläden, den *mercerie,* ebenso wie in den großen Kaufhäusern Coin, La Rinascente oder Upim und manchmal sogar auf den Wühltischen der Wochenmärkte. Alles, was man dort braucht, ist ein bisschen mehr Zeit.

KULINARISCHES

Jedes Gebiet, ja nahezu jeder Ort in der Toskana hat seine eigene kulinarische Spezialität: Kastanienmehl aus der Garfagnana, in Marmorwannen gereifter *lardo* (gewürzter fetter Speck) aus Colonnata in den Apuanischen Alpen, Pecorino aus Pienza, Pralinen aus Monsummano Terme ... Für Italiener sind sie von jeher die besten Reisemitbringsel. Darum muss man selbst im abgelegensten Winkel nicht lange nach einem Delikatessenladen oder einer landwirtschaftlichen Genossenschaft suchen, wo die lukullischen Souvenirs hergestellt oder verkauft werden. Selbst große Supermarktketten wie Coop haben eine Abteilung mit Spezialitäten aus der Region. Regelrecht ein Renner sind die Bauernmärkte an den Wochenenden. Dort bieten Gemüsebauern, Schäfer und Tierzüchter aus der Umgebung ihre Erzeugnisse an. Wein aus der Region bekommen Sie in einer *enoteca* und in kleinen Verkaufsstellen für *vino sfuso* und natürlich direkt beim Erzeuger. Leider übersteht dieser offene Wein die Fahrt über die Alpen meist nicht ohne Schaden.

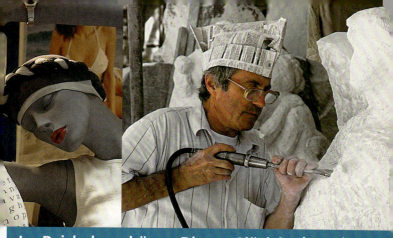

Im Reich der schönen Dinge: Glück ist (auch) käuflich – auf dem Bauernmarkt oder in der Enoteca, im Kaufhaus oder im Outletcenter

KUNSTHANDWERK

Arte und *arti*, Kunst und Handwerkszunft: Die italienische Sprache verrät, dass es sich hier um zwei Seiten der gleichen Medaille handelt. Seit Jahrhunderten ist die Region für die kunstfertige Verarbeitung von Leder, Papier, Terrakotta, Gold, Marmor und Stroh weltberühmt. Das alte Wissen wurde von Generation zu Generation weitergegeben. Neben dem traditionellen Kunsthandwerk – das Vergolden von Bilderrahmen, die Herstellung von Steinmosaiken und das Bemalen selbst gebrannter Keramik – existiert auch eine zeitgemäße Handwerkskunst, die Tradition mit Zeitgeist verbindet. *Botteghe* heißen die kleinen Ladenwerkstätten, in denen die toskanischen Meister noch heute ihre Kreationen herstellen. Wer sich die Zeit nimmt und ihnen dabei zusieht, mit welcher Sorgfalt und Könnerschaft sie ihr Material bearbeiten, versteht: Qualität hat ihren Preis.

MODE & MÄRKTE

Lange hatte Mailand Florenz als Modehauptstadt verdrängt. Dabei waren es gerade toskanische Labels wie Gucci, Pucci, Ferragamo und Prada, die den italienischen Chic groß gemacht haben. Jetzt holt die Arnostadt auf – die toskanische Kreativität sprudelt wieder. Überall fertigen junge Stylisten in Schneiderateliers eigene Modelle in kleiner Auflage mit der Hand an. Somit sind die Modemeilen der toskanischen Innenstädte immer auf dem neuesten Stand – und deutschen Städten mindestens eine Saisonlänge voraus. Wer sich die Alta Moda nicht leisten kann, braucht trotzdem nicht zu verzweifeln. Es reicht etwas Geduld: Spätestens zu Saisonende landen ihre Kreationen als Stockware auf den Wochenmärkten oder in einem der vielen Outlets. Sie liegen oft verkehrsgünstig in der Nähe von Autobahnausfahrten oder in der Peripherie und sind am Wochenende die neuzeitlichen Pilgerstätten für die ganze Familie.

DIE PERFEKTE ROUTE

HOCHKULTUR UND MEER

Beginnen Sie mit einer Portion Hochkultur in ① *Pisa* → S. 96 auf dem weltberühmten „Wunderfeld" (Foto li.) rund um den Schiefen Turm und in der mittelalterlichen Altstadt. Dann bleibt immer noch Zeit für eine Fahrt nach ② *Viareggio* → S. 95, um an der prachtvollen Meerpromenade den Sonnenuntergang zu genießen.

ELEGANTE STÄDTE IM NORDEN

Ein kurzes Autobahnstück trennt Viareggio von ③ *Lucca* → S. 84, für das Sie einen halben Tag einplanen sollten, um einen Eindruck von dieser liebenswerten Stadt zu bekommen. Am Nachmittag geht es ins elegante ④ *Montecatini* → S. 46 mit seinem Kurpark und den prunkvollen Thermen, wo man einen Hauch der Belle Époque verspürt. Tags darauf locken zwei Städte, die unverdient im Schatten der Nachbarstadt Florenz stehen: ⑤ *Pistoia* → S. 43, wo der Bummel durch die schöne Altstadt Vergnügen pur ist, und – nach einem Light Lunch im Caffè Valiani – die Textilstadt ⑥ *Prato* → S. 47, wo sich hinter dicken Mauern ein wahres Schmuckkästchen verbirgt.

ANGENEHME PFLICHT: FLORENZ

Für die Wiege der Neuzeit sollten Sie einen Tag ansetzen. Dann können Sie sich nach dem obligatorischen Kulturprogramm mit Dom, Palazzo Vecchio und einem Museum Ihrer Wahl durch die Gassen von ⑦ *Florenz* → S. 32 treiben lassen und die Atmosphäre aufsaugen.

DURCHS CHIANTI NACH SIENA

Am Abend machen Sie sich auf in Richtung ⑧ *Greve in Chianti* → S. 65. Im Chiantigebiet zwischen Florenz und Siena lädt fast jeder Ort zu einem Stopp ein. Geben Sie der Versuchung nicht zu oft nach, denn jenseits der Schnellstraße Florenz–Siena warten bereits das mittelalterliche Manhattan ⑨ *San Gimignano* → S. 68 und die auf porösem Tuffstein erbaute Etruskerstadt ⑩ *Volterra* → S. 68. Nächster Stopp: ⑪ *Siena* → S. 60, ein Wunder aus ziegelrotem Stein und mittelalterlichem Ambiente.

BURGEN, KLÖSTER, WÄLDER IM OSTEN

Im 90 km entfernten ⑫ *Arezzo* → S. 52 locken dann die berühmten Fresken von Piero della Francesca. Den Kulturgenuss können Sie an einem

www.marcopolo.de/toskana

Erleben Sie die Facetten der Toskana auf einer ausgedehnten Rundtour vom Meer in die Wälder durch Weinland zurück an die Strände

Restauranttisch an der Piazza Grande mit ihrem wunderbaren Flair begießen. Arezzo ist idealer Ausgangspunkt für einen Trip ins grüne Casentino mit der mittelalterlichen Märchenburg in ⓭ *Poppi* → S. 59. Eine kurvenreiche Straße bringt Sie von dort in die klösterliche Stille von Camaldoli. Anschließend haben Sie vielleicht wieder Energie, um ins 70 km südlich gelegene ⓮ *Cortona* → S. 58 zu fahren und den Tag auf der zentralen Piazza zu beenden.

WEIN- UND ETRUSKERSTÄDTCHEN IM SÜDEN

Von Cortona sind Sie schnell in der Weinstadt ⓯ *Montalcino* → S. 66, wo es in jedem Winkel nach Brunello duftet. Nehmen Sie die Straße über Asciano mitten durch die Hügellandschaft der Crete, kommen Sie an der herrlichen Abtei ⓰ *Monte Oliveto Maggiore* → S. 64 vorbei. ⓱ *Sorano, Sovana und Pitigliano* → S. 78, 79 stehen ganz im Zeichen der Etrusker. Von hier ist es dann nicht mehr weit zur Maremmaküste mit dem bezaubernden ⓲ *Castiglione della Pescaia* → S. 74 (Foto u.).

ZURÜCK AN DER KÜSTE

Die letzte Etappe bis zur heiteren Hafenstadt ⓳ *Livorno* → S. 79, wo die Toskana ihr modernes Gesicht zeigt, ist nur knapp 170 km lang. Planen Sie trotzdem einen ganzen Tag ein, denn am Wegesrand liegen das mittelalterliche Gesamtkunstwerk ⓴ *Massa Marittima* → S. 75 sowie das ähnlich reizvolle Campiglia Marittima.

Rund 900 km. Empfohlene Reisedauer: mindestens (!) acht Tage. Detaillierter Routenverlauf auf dem hinteren Umschlag, im Reiseatlas sowie in der Faltkarte

FLORENZ & DER NORDEN

Das in seiner Vergangenheit verwurzelte Florenz, das kaufmännische Prato, das geruhsame Pistoia: So unterschiedlich die drei Provinzen im Nordosten auch sind, gemeinsam bilden sie die politische und wirtschaftliche Mitte der Toskana: reich geworden durch Handel und Handwerk, bekannt durch Kunst, Kultur sowie eine einzigartige Gartenlandschaft.

FLORENZ (FIRENZE)

KARTE IM HINTEREN UMSCHLAG (138 C6) *(J–K8)* Eine Stadt, die krank macht, warnte in einem Reisebericht von 1817 der französische Schrift-

WOHIN ZUERST?
Vom ● Piazzale Michelangelo (U E6) lassen sich Schönheit und Harmonie der Stadt auf einen Blick erfassen. Sie erreichen die Aussichtsterrasse mit dem Auto und können dort kurz parken. Stressfreier ist es, mit Bus oder Regionalzug zu kommen! Vom Bahnhof fährt die Buslinie 13 zum Piazzale. Ein Treppenweg führt von dort hinunter ins Oltrarno, den Stadtteil auf der linken Arnoseite mit vielen Handwerksbetrieben. Von dort geht es über die berühmte Brücke Ponte Vecchio zum Stadtkern mit Palazzo Vecchio, Dom und Basilica Santa Croce.

Bild: Galleria degli Uffizi in Florenz

Stadtlandschaften als Gesamtkunstwerk: In und um Florenz, Prato und Pistoia sind Schönheit und Lebensqualität zu Hause

steller Stendhal, der hier vor lauter Kunst erschöpft zusammengebrochen war. **Eine Florentiner Psychologin wies dieses „Stendhal-Syndrom" im 20. Jh. bei Dutzenden Florenzbesuchern nach.**

Und in der Tat: Nirgendwo sonst ist auf so engem Raum derart viel Kunst versammelt wie in der Arnostadt (370 000 Ew.), wo im 14. Jh. mit der Renaissance die Neuzeit in Philosophie, Kunst und Architektur begann. Gleichzeitig ist dieses Museum unter freiem Himmel jedoch eine lebendige Krämer- und Handwerkerstadt. Tagsüber klopft, hämmert und sägt es rechts und links vom Arno in den Werkstätten. Und auch abends swingt die Stadt, wenn Bars und Restaurants die Tische vor die Tür stellen und Amüsierwillige von einem Lokal zum nächsten ziehen.

SEHENSWERTES

DOM, BAPTISTERIUM UND CAMPANILE (U C3)

Die achteckige Taufkappelle *Battistero San Giovanni* (Mo–Sa 12.15–19, So und 1.

32 | 33

FLORENZ

Brunelleschis mächtige Domkuppel prägt die Silhouette von Florenz

Sa 8.30–14 Uhr | 4 Euro) mit byzantinischem Deckenmosaik und einzigartigen Bronzeportalen wurde 1059 geweiht. 1296 beschlossen die Bürger, daneben einen Dom *(Duomo Santa Maria del Fiore | Mo–Mi und Fr 10–17, Sa 10–16.45, So 13.30–16.45 Uhr, Do 10–16.30, Mai und Okt. 10–15.30, Juli–Sept. 10–17 Uhr | Eintritt frei)* zu bauen. Erst knapp 150 Jahre später gelang es Baumeister Filippo Brunelleschi, das achteckige Loch zum Himmel mit einer sich selbst tragenden ★ ☀ Kuppel *(Mo–Fr 8.30–19, Sa 8.30–17.40 Uhr | 8 Euro)* von 40 m Durchmesser zu schließen. Da war der ☀ Glockenturm *(Campanile | tgl. 8.30–19.30 Uhr | 6 Euro)* von Giotto längst fertig. Auf der Rückseite des grün-weiß-roten Marmorgebirges finden Sie das Dommuseum *(Museo del Duomo | Mo–Sa 9–19.30, So 9–13.45 Uhr | 6 Euro)* mit den Schätzen aus den drei Sakralbauten. *www.operaduomo.firenze.it*

GALLERIA DELL'ACCADEMIA (U D2)

Das lockige Haupt mit Efeu bekränzt, den muskulösen Körper in Siegerpose leicht nach links gedreht: Hier steht der Star

www.marcopolo.de/toskana

FLORENZ & DER NORDEN

der Kunstgeschichte, der David von Michelangelo (die viel fotografierte Skulptur auf der Piazza della Signoria ist nur eine Kopie). Doch es gibt noch viele weitere hochkarätige Kunstwerke. Kartenreservierung empfehlenswert *(4 Euro | Tel. 0 55 29 48 83). Di–So 8.15–18.50 Uhr | 6,50 Euro | Via Ricasoli 60 | www.polomuseale.firenze.it*

GALLERIA DEGLI UFFIZI ★ (U C4)

Das u-förmige Gebäude für die Ämter der Stadtrepublik Florenz, die Uffizien, gab Cosimo I. de' Medici 1560 bei Giorgio Vasari in Auftrag. Seine Nachfolger richteten im Obergeschoss eine Kunstgalerie ein, die ständig vergrößert wurde. Heute füllt das Kunsterbe der Medici, darunter Sandro Botticellis Frühlingsallegorie, Leonardo da Vincis Verkündigung und Filippo Lippis Mariendarstellungen, 45 Räu-

me. Kartenreservierung ist empfehlenswert *(4 Euro | Tel. 0 55 29 48 83). Di–So 8.15–18.50 Uhr | 6,50 Euro | Piazzale degli Uffizi | www.polomuseale.firenze.it*

MUSEO NAZIONALE DEL BARGELLO ★ (U D4)

Den ältesten Florentiner Kommunalpalast errichteten die freien Bürger der Republik Florenz 1255 für den *podestà,* den Stadtvogt. Heute beherbergt der festungsähnliche Bau eine große Sammlung von Renaissanceskulpturen. *Tgl. 8.15 –17 Uhr, 1./3./5. So, 2./4. Mo geschl. | 4 Euro | Via Proconsolo 4 | www.polomuseale.firenze.it*

PALAZZO PITTI ★ UND GIARDINO DI BOBOLI (U B5–6)

Kaufmann Luca Pitti wollte im 15. Jh. auf der linken Flussseite den größten Palast

---

MARCO POLO HIGHLIGHTS

★ **Galleria degli Uffizi in Florenz**
Sozusagen eine Hall of Fame italienischer Malerei → S. 35

★ **Domkuppel in Florenz**
Architektonisches Wunderwerk von Filippo Brunelleschi → S. 34

★ **Montecatini Terme**
Nostalgischer Art-nouveau-Charme in dem Kurbadeort → S. 46

★ **Dom Santo Stefano in Prato**
Ein Meisterwerk toskanischer Kunstfertigkeit → S. 48

★ **Museo Nazionale del Bargello in Florenz**
In dem Palazzo mit wechselhafter Geschichte können Sie heute eine herausragende Skulpturensammlung bewundern → S. 35

★ **Palazzo Pitti in Florenz**
Prunk und Kunst in der Medici-Residenz → S. 35

★ **Medici-Villen**
Hier präsentiert sich Herrschaft anders als im Mittelalter erstmals festlich und heiter → S. 41

★ **Dom San Zeno in Pistoia**
Der Beweis, dass die Stadt den Vergleich mit Florenz nicht zu scheuen braucht → S. 44

★ **San Miniato**
Wegen seiner strategisch günstigen Lage war der wehrhafte Ort stets heiß umkämpft → S. 46

★ **Santa Croce in Florenz**
Jedes Detail in dieser Klosterkirche ist eine Entdeckung → S.37

FLORENZ

der Stadt errichten. Er ging pleite und musste ihn seinen ärgsten Feinden, den Medici, überlassen, die ihn zur heutigen Größe ausbauten. Der Platz reicht für sechs Museen, darunter die Gemäldegalerie *Galleria Palatina (Di–So 8.15–18.50 Uhr | 8,50 Euro | Piazza Pitti).* Der *Boboligarten (April/Mai/Sept/Okt. tgl. 8.15–18.30, Juni–Aug. 8.15–19.30, Nov.–März 8.15–16.30 Uhr, 1. und 4. Mo geschl. | 7 Euro)* dahinter mit Nutzbeeten, Ziergärten, feuchtkühlen Grotten und lauschigen Laubengängen wurde 1550 angelegt. Die Eintrittskarte für alle Museen kostet 11,50 Euro und ist drei Tage gültig.

LOW BUDG€T

▶ In der Toskana gibt es viele zentral gelegene christliche Gästehäuser, die sich längst nicht mehr am klösterlichen Standard orientieren. Man muss nur rechtzeitig reservieren! Z. B. im *Istituto Gould (Via de' Serragli 49 | Tel. 0 55 21 25 76 | www.istitutogould. it)* in Florenz, wo Sie das Doppelzimmer mit Bad für 50 Euro bekommen.

▶ Bei Pino in der *Enoteca Verdi (Mo–Sa 8.30–20 Uhr | Via Verdi 36 | Tel. 0 55 24 45 17)* in Florenz müssen Sie *panini, primo* und *secondo* zwar an der Theke abholen und leider von Plastiktellern essen. Aber es ist eben gut und günstig: alles unter 5 Euro!

▶ Schnäppchenparadies Prato: In der Textilstadt bekommen Sie (fast) alles in der Fabrik zum halben Preis: Kaschmirpullover, Dessous, Lederwaren ... Viele Adressen (auch auf Deutsch) finden Sie unter *www.prato turismo.it.*

PALAZZO VECCHIO (U C4)

Seit 700 Jahren ist der Palast an der Piazza della Signoria Mittelpunkt der weltlichen Macht in Florenz. Im Mittelalter beherbergte der burgähnliche Bau die gewählten Vertreter der republikanischen Stadtregierung; 1540 machte Cosimo I. de' Medici ihn zur Fürstenresidenz, seit 1872 ist er Sitz des Stadtrats. Durch den reich dekorierten *Cortile Michelozzo* gelangen Sie zum riesigen, mit Fresken ausgemalten Prachtsaal der Fünfhundert *(Salone dei Cinquecento)* und zu den Privatgemächern der Eleonora di Toledo im ersten Stock. *Do, So 9–14, sonst 9–19 Uhr | 6 Euro | www.museicivicifiorentini.it*

PONTE VECCHIO ⚜ (U C4–5)

Rechts und links der dreibogigen Arnobrücke mit den pastellfarbenen Anbauten entfaltete sich im Mittelalter der Handel. Über den Ladenlokalen verläuft der *Vasarikorridor,* durch den die Medici ungesehen von den Büroräumen zum Palazzo Pitti gelangten.

SAN LORENZO UND CAPPELLE MEDICEE (U C3)

Die Bronzekanzeln und Skulpturen von Donatello sind einer von vielen Gründen, warum die Grabkirche der Medici *(Mo–Sa 10–17, So 13.30–17.30 Uhr | 3,50 Euro | Piazza San Lorenzo)* zu den prächtigsten Sakralbauten der Stadt zählt. Baumeister Filippo Brunelleschi schuf hier mit der Alten Sakristei zudem ein Kleinod der Renaissancearchitektur. Gewissermaßen durch die Hintertür an der Piazza Madonna degli Aldobrandini gelangen Besucher in die prunkvoll mit Marmormosaik ausgekleideten *Cappelle Medicee (Sommer tgl. 8.15 –16.50, Winter 8.15–13.50 Uhr | 6 Euro | www.polomuseale.firenze.it)* mit den prächtigen Fürstengräbern. Ihre Skulpturen sowie die dahinter liegende Neue Sakristei stammen von Michelangelo.

FLORENZ & DER NORDEN

SAN MINIATO AL MONTE (O)
Weithin sichtbar steht die Kirche samt *Friedhof (Sommer tgl. 8.30–19, Winter 8 –12.30 und 14.30–19.30 Uhr)* auf einem Hügel südlich des Arno. Das Innere ist ein Kleinod romanischer Baukunst mit Freskenmalerei und Marmorintarsien am Fußboden. *Mo–Sa 8.30–19, So 8–12.30 und 14–19 Uhr | Via Monte alle Croci*

SANTA CROCE ★ (U D4)
Die riesige Hallenkirche gaben 1295 Franziskaner in Auftrag. Zudem beauftragten sie Künstler, die Vita des Ordensgründers und das Evangelium für die Gläubigen auf die Wände zu malen. Unter den Malern war der Wegbereiter der Renaissance Giotto. Er verwendete für seine Fresken nicht Gold, sondern Blau, und anders als in der byzantinischen Kunst erhielten seine Gestalten körperliche Rundungen, lachten und weinten. Es war ein erster Schritt hin zu einer Kunst, die sich an der Natur orientierte. *Mo–Sa 9.30–17.30, So 13–17.30 Uhr | 5 Euro | Piazza Santa Croce 16 | www.santacroceopera.it*

Der Aufstieg zu San Miniato lohnt schon wegen des Blicks

INSIDER TIPP SPEDALE DEGLI INNOCENTI (U D3)
Wickelkinder auf den Della-Robbia-Terrakottamedaillons an der Außenfassade verraten die Bestimmung des Gebäudes. Im ältesten Findelhaus Italiens, heute Museum, konnten ab 1445 Kinder in der Babyklappe abgegeben werden. Der Bau von Filippo Brunelleschi gilt als wegweisend für den horizontalen Baustil der Renaissance. *Tgl. 10–19 Uhr | 5 Euro | Piazza Santissima Annunziata 12 | www.istitutodeglinnocenti.it*

ESSEN & TRINKEN

TRATTORIA LA CASALINGA (U B5)
Der Name verrät es: Hier gibt es typisch toskanische Hausmannskost zu moderaten Preisen. Das hat sich herumgesprochen – deswegen muss man abends schon mal warten, bis ein Tisch frei wird. *So geschl. | Via dei Michelozzi 9 r | Tel. 055 218624 | €€*

TRATTORIA IL CONTADINO (U A3)
Mittags ist es schwierig, in dieser einfachen Trattoria mit Festpreismenü einen Platz zu bekommen. Am Abend überlässt das Stammpublikum den Touristen widerspruchslos das Feld. *So geschl. | Via Palazzuolo 71 r | Tel. 055 23 8 26 73 | €–€€*

ROCCO E I SUOI FRATELLI (O)
Eine einfache Trattoria mit Sommergarten, in der Sie eine vorzügliche Pizza zu guten Preisen bekommen. *Di geschl. | Piazza Ravenna 10 | Tel. 055 68 58 02 | €*

36 | 37

FLORENZ

IL SANTO BEVITORE (U B4)
Frische Zutaten, gute Weine, nette Leute machen das Lokal im trendigen Oltrano zum beliebten Treffpunkt für Einheimische und Touristen. *So geschl. | Via Santo Spirito 64 r | Tel. 055 211264 | www.ilsantobevitore.com | €€*

EINKAUFEN

FIERUCOLA (U B5)
Am dritten Sonntag im Monat versorgen die Florentiner sich auf diesem Bauernmarkt mit (Bio-)Produkten aus der Umgebung. *9–19 Uhr | Piazza Santo Spirito | www.lafierucola.org*

INSIDER TIPP MAESTRI DI FABBRICA (U D4)
Messer aus Scarperia, Kupferpfannen aus Pistoia, edle Taschen aus Scandicci: Hier gibt es Spitzenprodukte aus den besten toskanischen Werkstätten. *Borgo degli Albizi 68r | www.maestridifabbrica.it*

MODE
Testimonials für toskanische Eleganz sind die Modemacher Gucci, Ferragamo, Cavalli, Pucci, Patrizia Pepe und Prada mit ihren Edelboutiquen in der *Via Tornabuoni, Via della Vigna Nuova* und *Via Roma* (U B–C 3–4). Die Viertel Santa Croce und Santo Spirito sind Domäne kleinerer Labels wie *Poncif* ((U D4) | *Borgo degli Albizi 35 r | www.poncif.com*) und *Quelle Tre* ((U B4) | *Via Santo Spirito 42 r | www.quelletre.it*).

SIMONE TADDEI (U C4)
Seine kalbsledernen Fotorahmen und Zigarrenetuis sehen nach 30 Arbeitsschritten aus wie aus Holz gemacht. *Via Santa Margherita 11*

VESTRI (U D4)
Der Schokoladenkönig von Florenz. *Borgo degli Albizi 11 r | www.vestri.it*

FREIZEIT & SPORT

Auch Florenz hat von Mitte Juni bis Ende September seinen Stadtstrand, die *Spiaggia sull'Arno* am *Lungarno Serristori* (U D5) – allerdings nur zum Sonnenbaden. Der Name ist Programm bei *Florence by Bike* ((U C2) | *Via San Zanobi*

Pucci, Gucci & Co. finden Sie in der Via Tornabuoni und Nebenstraßen

www.marcopolo.de/toskana

FLORENZ & DER NORDEN

120/122 r | Tel. 0 55 48 89 92 | www.floren cebybike.it). Ein Sommervergnügen der besonderen Art ist eine **INSIDER TIPP** Arnofahrt mit dem Kahn der *renaioli (12 Euro/Std. | Anmeldung erforderlich unter Tel. 34 77 98 25 66 | www.renaioli.it).* Die größte Wellness- und Sportanlage Italiens ist ● *Hidron Fun Sport ((138 B5) (ᗕ J7) | Campi Bisenzio | Via di Gramignano, | www.hidron.it)* vor den Toren der Stadt.

AM ABEND

INSIDER TIPP BIBLIOTECA DELLE OBLATE ● (U D4)

Lesen, im Internet surfen und dazu seinen Aperitif schlürfen – das alles mit Blick auf den Dom. *Mo–Sa 9–24 Uhr | Via Oriuolo 26 | www.bibliotecadelleoblate.it*

FLO' LOUNGE BAR ⚜ (U E6)

Livemusik, DJ-Set, Glamour, Aperitifbuffet und dazu ein toller Blick auf die Stadt. *Tgl. | Piazzale Michelangelo 84 | www.flofirenze.com*

LE MURATE (U E4)

Literaturcafé, Ausstellungsraum, Pizzeria, Buchladen, Konzertbühne: Mit dem wunderschön restaurierten ehemaligen Frauengefängnis hat Florenz endlich einen öffentlichen Raum für zeitgenössische Kultur. *Tgl. | Piazza Madonna della Neve | www.lemurate.comune.fi.it*

NEGRONI FLORENCE BAR (U D5)

Die Getränke etwas teurer, dafür ein kostenloses Aperitifbuffet von 19 bis 22 Uhr: Diese Formel funktioniert derart gut, dass sich ständig neue Bars dem Trend anschließen. *Tgl. | Via dei Renai 17 r | www.negronibar.com*

CAFFÈ SANT'AMBROGIO (U E4)

Jeden Abend stehen die Gäste bis draußen auf den Platz. *Tgl. | Piazza Sant'Ambrogio 7*

ÜBERNACHTEN

CASA HOWARD (U B3)

Hippe Gastlichkeit verspricht diese Stadtpension u. a. mit einem Zimmer mit Spielecke für Reisende mit Kindern oder einem mit Terrasse für Hundebesitzer. *13 Zi. | Via della Scala 18 | Tel. 06 69 92 45 55 | www.casahoward.com | €€€*

HOTEL CASCI (U C3)

Seit der Domplatz für den Verkehr gesperrt ist, hat das einfache Hotel enorm an Wohnqualität gewonnen. *24 Zi. | Via Cavour 13 | Tel. 0 55 21 16 86 | www.hotel casci.com | €€*

HOTEL TORRE GUELFA (U C4)

Je höher der Turm, desto einflussreicher die Familie: Davon profitiert dieses stimmungsvolle Hotel in einem der letzten Geschlechtertürme der Stadt. Es hat die höchste Dachterrasse! *16 Zi. | Borgo Santi Apostoli 8 | Tel. 05 52 39 63 38 | www.hoteltorreguelfa.com | €€–€€€*

AUSKUNFT

(U B3) | *Piazza della Stazione 4 | Tel. 0 55 21 22 45;* (U C3) | *Via Cavour 1 r | Tel. 0 55 29 08 32 | www.firenzeturismo.it*

ZIELE IN DER UMGEBUNG

CERTALDO (142 B3) (ᗕ H9)

Schnurgerade führt die ziegelsteingepflasterte Hauptstraße der mittelalterlichen Oberstadt des Städtchens (16 000 Ew.) 45 km südwestlich im Elsatal vom Stadttor Porta al Sole zum *Palazzo Pretorio,* wo die Wappen auf der Fassade verraten, wer hier alles das Sagen hatte. Dazwischen liegen der *Palazzo Strozzi Ridolfi* mit stimmungsvollem Renaissanceinnenhof und die *Casa Boccaccio,* in der der Dichter Giovanni Boccaccio, der im

FLORENZ

14. Jh. mit dem Sittenroman „Il Decamerone" Furore machte, die letzten Jahre seines Lebens verbrachte. Die Oberstadt erreichen Sie am bequemsten mit der Seilbahn *(funicolare)* von der unten gelegenen Piazza Boccaccio aus.

vorort für betuchte Florentiner. Lange bevor Florenz Oberwasser bekam, florierte hier bereits die Etruskersiedlung Faesulae. Von der zentralen Piazza Mino da Fiesole gelangen Sie über einen steilen Weg hinauf zum ☆ *Kloster San Fran-*

Was für eine Kulisse: das Halbrund des römischen Theaters in Fiesole

Im Juli wird die Altstadt zur Bühne für das **INSIDER TIPP** mehrtägige **Gauklerfest Mercantia**. Zudem finden Sie hier eins der besten Schlemmerlokale der Region, die *Osteria del Vicario* (Mi geschl. | Via Rivellino 3 | Tel. 05 71 66 82 28 | www.osteriadelvicario.it | €€–€€€). Komfortable ☆ Zimmer mit Aussicht bis nach San Gimignano und ein Pool sprechen für das außerhalb gelegene *Relais Hotel Villa Tavolese* (16 Zi. | Ortsteil Marcialla | Via Tavolese 221 | Tel. 05 71 66 02 24 | www.tavolese.com | €€).

FIESOLE (138 C5) (*M K7*)
Die Stadt (14 500 Ew.) in den Hügeln von Florenz, die Sie bequem mit der Buslinie 7 erreichen, war nicht immer nur Villen-

cesco von 1399, in dem ein kurioses *Missionsmuseum* (tgl. 9.30–12 und 15–17 Uhr | Eintritt frei) eingerichtet ist. Hinunter geht es durch den Klostergarten direkt zum *Dom San Romolo* aus dem 11. Jh. An seiner Rückseite finden Sie das *Museo Bandini* (Mi–Mo 10–19, Winter 10–16 Uhr | 10 Euro | Via Dupré 18) für Kirchenkunst und Terrakotten, eins der verborgenen Schatzkästchen der Toskana. Die Eintrittskarte gilt auch für den *Archäologischen Park* (Mi–Mo 10–19, Winter 10–14 Uhr | Via Portigiani 1) gegenüber, mit römischem Theater, Thermen und Tempel. Vor dem Drehkreuz ist der Eingang zum *Caffè del Teatro Romano* (Sommer tgl. 9.30–20 Uhr, bei Abendveranstaltungen länger). Auf dessen Außenterrasse kön-

www.marcopolo.de/toskana

FLORENZ & DER NORDEN

nen Sie vor herrlicher Kulisse Cappuccino trinken oder Pasta essen.
Dass im feinen Fiesole toskanische Gastfreundschaft nicht teuer sein muss, beweist das zentral gelegene, freundliche Hotel *Villa Sorriso (7 Zi. | Via Gramsci 21 | Tel. 05 55 90 27 | www.albergovillasorriso. net | €)*. Wer nicht über Nacht bleiben will: In nur einer Stunde laufen Sie über die ● *Via Vecchia Fiesolana,* die beim Priesterseminar beginnt, nach Florenz zurück. Zwischen den Steinmauern scheint die Zeit stehen geblieben.

IMPRUNETA (142 C2) (*J8*)
Alles Terrakotta oder was? Selbst Briefkästen sind in dem 15 km südlich von Florenz gelegenen Städtchen (15 000 Ew.) aus gebranntem Ton. Bereits Dombaumeister Filippo Brunelleschi versorgte sich hier mit Ziegeln für die Florentiner Kuppel. Sie können heute Tonkünstlern beim Drehen und Brennen über die Schulter blicken, darunter *Mario Mariani (Via Cappello 29),* der nach traditionellen Methoden arbeitet. Behaglichkeit, Ruhe und ein herrlicher Garten erwarten Sie im *Agriturismo Borgo de' Ricci (6 Apartments | Via Imprunetana per Pozzolatico 216/218 | Monte Oriolo | Tel. 055 35 20 11 | www.borgodeiricci.com | €€)* mit toskanischem Flair.

LORO CIUFFENNA (143 F3) (*M9*)
Das verschachtelte Dorf (6000 Ew.) im oberen Arnotal gut 50 km südöstlich von Florenz gehört zum erlesenen Kreis der schönsten Dörfer Italiens. Kunsthistorisch interessant sind die römische Bogenbrücke über die Ciuffenna und die älteste Getreidemühle der Gegend schräg darunter. Durch den Ort führt die landschaftlich hinreißende *Strada dei Sette Ponti,* die sich auch gut mit dem Rad befahren lässt. Im Mittelalter wurden an ihr einige romanische Landkirchen errich-

tet. Die schönste, die **INSIDER TIPP** ▶ *Pieve San Pietro (tgl. 8–12 und 15–17 Uhr)* aus dem 12. Jh. mit volkstümlichen Motiven, steht im Weiler *Gropina* 2 km südlich.
3 km weiter gibt es in der *Osteria dell'Acquolina (So geschl. | Via Sette Ponti 26 | Terranuova Bracciolini | Tel. 0 55 97 74 97 | €€)* lokale Gerichte aus jahreszeitlichen Zutaten – Wirt Paolo Tizzanini ist Anhänger der Slow-Food-Idee. 5 km entfernt können Sie im *Borgo Il Borro (San Giustino Valdarno | Tel. 0 55 97 70 53 | www.il borro.it | €€€)* der Familie Ferragamo zwischen 28 Villen, Häusern und Apartments der Luxusklasse wählen.

MEDICI-VILLEN ★ (138 B5) (*J7*)
Ein Landsitz mit Lustgarten? Diese Idee gefiel den Medici derart gut, dass sie sich vom 15. bis 17. Jh. gleich mehrere Prachtexemplare bei Florenz errichten ließen. Lieblingsvilla war die *Villa Medicea (nur nach Anmeldung unter Tel. 05 54 27 97 55 | Viale Gaetano Pieraccini 17)* in *Careggi* (138 C5) (*J7*) am Nordrand von Florenz an der Straße zum Monte Morello. Entworfen vom damaligen Stararchitekten Michelozzi, versammelten Cosimo I. und Lorenzo der Prächtige hier Künstler und Philosophen um sich.
Bei der *Villa La Petraia (Kernzeit tgl. 8.15–16.30 Uhr, März–Okt. länger, 2./3.Mo geschl. | 2 Euro | Via di Petraia 40)* in *Castello* (138 C5) (*J7*) ca. 6 km in Richtung Sesto Fiorentino können Sie den herrlichen Garten im italienischen Stil besichtigen. Das anfangs turmbewehrte, mittelalterliche Kastell wurde 1576 von Bernardo Buontalenti umgestaltet.
17 km westlich von Florenz in *Poggio a Caiano* (138 A5) (*H7*) steht die wohl schönste der Villen, die 1480 von Lorenzo I. in Auftrag gegebene ● *Villa Medicea (Kernzeit tgl. 8.15–16.30 Uhr, März–Okt. länger, 2./3.Mo geschl. | Eintritt frei | Piazza de' Medici 14).* Weiß und symmetrisch,

FLORENZ

mit geschwungener Seitentreppe und weitläufiger Terrasse, war sie Modell für die an antiken Vorbildern orientierte Villenarchitektur der Renaissance. Andrea del Sarto, Filippo Lippi und Jacopo da Pontormo malten die Säle aus.

MONTELUPO FIORENTINO
(142 B1) (*M* H8)

Die Stadt (13 000 Ew.) 30 km westlich steht gewissermaßen auf tönernen Füßen: Seit jeher bestimmt die Keramikproduktion hier den Alltag. Das ist im *Keramikmuseum (Di–Sa 10–18 Uhr | 5 Euro | Piazza Vittorio Veneto 8 | www.museo montelupo.it)* dokumentiert. Das Ticket ist auch für das *Archäologische Museum (Di–So 10–18 Uhr | Via Santa Lucia)* mit Keramikfundstücken aus der Umgebung gültig. Im Keramikoutlet *Bitossi (Via Castelucci 10)* finden Sie Restposten der aktuellen Produktion. Stilvoll und komfortabel übernachten Sie im *Country Hotel Borgo Sant'Ippolito (28 Zi. | Via Chiantigiana 268 | Ginestra Fiorentina | Tel. 055 8713423 | www.borgosantippolito.it | €€)* am Ortsrand, einem sorgfältig restaurierten Kloster mit Wellnessoase.

SAN CASCIANO IN VAL DI PESA
(142 BC21) (*M* J8–9)

Bekannt ist die Stadt (15 000 Ew.) 20 km südlich an der Schnellstraße nach Siena als Anbaugebiet für Chiantiwein, beliebt aufgrund der herrlichen Umgebung – bei der Fahrt hierher sollten Sie also am besten die Landstraße über Tavarnuzze und Sant'Andrea in Percussina nehmen, die an der Autobahnausfahrt Firenze-Impruneta beginnt. INSIDER TIPP Auf einer Vespa ist die Fahrt durch weinbepflanzte Hügel und silbrig schillernde Olivenhaine doppelt reizvoll. Ausflüge organisiert *Florence Town (Via de' Lamberti 1 | Tel 055 0123994 | www.florencetown.com)*. Von der besten Seite zeigt sich die Toskana auch am alten etruskischen Fahrweg, der über Mercatale nach Panzano führt. Dort liegen zahlreiche Güter, die toskanische Weingeschichte geschrieben haben,

Die Details an der Fassade der Villa Medicea in Poggio a Caiano lohnen genaues Hinschauen

www.marcopolo.de/toskana

FLORENZ & DER NORDEN

z. B. die Corsini-*Fattoria Le Corti (Mo geschl., | Tel. 05 58 29 3 01 | www.principe corsini.com)* hinter dem Ortsausgang. Traumhaft ist auch die Strecke von San Casciano über San Pancrazio nach Tavarnelle Val di Pesa. In der kleinen Bar in *Santa Cristina in Salivolpe* bekommen Sie göttlichen Schafskäse der nahen ☺ *Fattoria Corzano e Paterno (Via Paterno 10 | Tel. 05 58 24 81 79 | www.corzanoepaterno.it | €€).* Die Schweizer Edelschäfer vermieten auch komfortable fünf Apartments und drei Ferienhäuser.

VALDARNO (143 E–F 2–4) *(ᗰ L8–10)*
„Ab und zu kehrt der Arno nach Hause zurück", warnt eine Redensart die Bewohner des fruchtbaren Arnotals zwischen Florenz und Arezzo. Wenn es regnet, nimmt der Fluss alles Wasser aus den Bergen auf und wird zum reißenden Strom. Etrusker und Römer hielten sich an die Warnung, bauten Siedlungen und Straßen in die Hügel. Ihre Via Cassia Vetus, die heutige Strada dei Sette Ponti, windet sich noch heute durch eine intakte Bilderbuchlandschaft mit Weinbergen, Olivenhainen, malerischen Bauernhäusern, romanischen Kirchen und mittelalterlichen Dörfern. Hier liegt in *Reggello* die *Villa Rigacci (28 Zi. | Ortsteil Vaggio 76 | Tel. 05 58 65 67 18 | www.villarigacci.it | €€),* wo Sie sich in behaglicher Atmosphäre entspannen können.
Im Mittelalter errichtete Florenz seine strategischen Vorposten in den Flussauen. Daraus entwickelten sich florierende Städte wie *Montevarchi* und *Figline,* die jedoch zerstörerische Überschwemmungen erleiden mussten. In ihrer Nähe stehen heute die Kathedralen der Neuzeit, die Outlets. *The Mall (tgl. 10–19 Uhr | Via Europa 8 | www.themall.it)* in *Leccio* versammelt fast alle großen Modenamen unter einem Dach. Pradafans kommen 30 km weiter südlich an der SS 69 hinter Montevarchi im *Prada Outlet (Mo–Sa 10–19, So 14–19 Uhr | Ortsteil Levanella)* auf ihre Kosten.

VALLOMBROSA ☀ (143 F1) *(ᗰ L8)*
Wird es in Florenz im Sommer drückend heiß, fliehen die Florentiner hinauf ins Pratomagnogebirge. Giovanni Gualberto gründete dort 1020 in einem schattigen Tal 40 km östlich von Florenz auf 1000 m Höhe eine Einsiedelei. Elf Jahre später rief er den Orden der Vallombrosaner ins Leben und begann mit dem Bau der Abtei *(www.vallombrosa.it),* heute eine festungsartige Klosteranlage. In der *Klosterapotheke (tgl. 10–12 und 15–17 Uhr)* bekommen Sie selbst gemachte Elixiere der Mönche. Der eigentliche Star hier oben ist der `INSIDER TIPP` ▶ große alte Wald. Am Weg liegt in *Donnini* die *Fattoria Montalbano (Via Montalbano 12 | Tel. 05 58 65 21 58 | www.montalbano.it | €–€€)* mit acht freundlichen Ferienwohnungen und einem umfangreichen Aktivangebot.

PISTOIA

(137 F4) *(ᗰ G–H6)* **Ausgedehnte Wälder und hinreißende Täler voller architektonischer Zeugnisse aus einer jahrhundertealten Geschichte: So präsentiert sich das Hinterland der Provinzhauptstadt an den südlichen Ausläufern des Tosco-Emilianischen Apennins.**
In der Vergangenheit lebten die Menschen vor allem von der Eisenerzverarbeitung. Heute setzt man auf Möbel und Textil. Die Stadt selber (92 000 Ew.) war eine Gründung der Römer an der Via Cassia. 1115 erlangte der Marktflecken die Unabhängigkeit und erlebte eine kurze Blütezeit. Danach stand er im Schatten der mächtigen Nachbarn Pisa, Lucca und Florenz. Fast die gesamte Innenstadt rund um den weitläufigen Domplatz und

PISTOIA

den schönen Marktplatz della Sala ist Fußgängerzone. Der Stadtbummel ist pures Vergnügen, nicht zuletzt, weil die kleinen, historischen Fachgeschäfte noch nicht von den überall gleichen Filialen bekannter Modelabels verdrängt wurden.

SEHENSWERTES

DOM SAN ZENO ★
Eine der ältesten Kirchen (12. Jh.) der Toskana im romanisch-pisanischen Stil. Besonders kostbar ist der Silberaltar (1287–1456) in der Sankt-Jakobs-Kapelle. An den 628 Relieffiguren haben Generationen von Silberschmieden gearbeitet. Der klobige Campanile (67 m) kann seine anfängliche Bestimmung als Wachturm nicht verleugnen. *Tgl. 8–9.30, 10.30–12.30 und 15.30–19 Uhr | 2 Euro | Piazza del Duomo*

MUSEO MARINO MARINI
Seine immer wiederkehrenden Motive – Pferde, Tänzerinnen, Akrobaten – haben den modernen Bildhauer (1901–1980) aus Pistoia berühmt gemacht. *Mo–Sa 10–18, Winter 10–17 Uhr | 3,50 Euro | Corso Fedi 30 | ww.fondazionemarinomarini.it*

OSPEDALE DEL CEPPO
Das Hospital entstand ab 1277 nach dem Vorbild von Brunelleschis Findelhaus in Florenz. Ein echtes Juwel ist das Majolikafries von 1514 am Portikus aus der Werkstatt der Della Robbia mit Szenen der Barmherzigkeit und Personifikationen der Tugenden. *Via Matteotti 9*

SANT'ANDREA
Hinter der zweifarbigen Fassade der romanischen Kirche finden Sie das berühmteste Kunstwerk der Stadt, die erste Marmorkanzel von Giovanni Pisano aus dem Jahr 1301. *Tgl. 8.30–12.30 und 15–18 Uhr | Via Sant'Andrea*

ESSEN & TRINKEN

TRATTORIA DELL'ABBONDANZA
Einheimische schwören auf die lokalen Spezialitäten wie die Gemüsesuppe *farinata con verdure* oder den *fritto misto* aus Huhn und Kaninchen. *Do-Mittag und Mi geschl. | Via dell'Abbondanza 10 | Tel. 05 73 36 80 37 | €€*

OSTERIA LA BOTTA GAIA
Die Terrasse mit Blick auf den Dom ist sicherlich ein guter Grund herzukommen. Aber auch die eigenwilligen Interpretationen toskanischer Gerichte überzeugen.

Der Campanile des Doms wurde zu Pistoias Wahrzeichen

www.marcopolo.de/toskana

FLORENZ & DER NORDEN

So–Mittag und Mo geschl. | Via del Lastrone 17 | Tel. 05 73 36 56 02 | €€–€€€

CAFFÈ VALIANI ●

In dem ehemaligen Oratorium wird Ihnen der Cappuccino oder der Drink unter freskengeschmückten Gewölben serviert. *Tgl. 7–22 Uhr | Via Cavour 55*

EINKAUFEN

LA DOLCE PEONIA ☺

Zuckerbäckerin Emanulea Regi experimentiert in ihrer Backstube mit biologischen Zutaten. Die Mais-Heidelbeer-Kekse sind ein Gedicht! *Viale Petrocchi 122*

AM ABEND

WINE BAR CAPATOSTA

Ein guter Ort für ein Gläschen Wein an der Piazza della Sala, wo sich Jung und Alt zur blauen Stunde trifft. *Tgl. ab 19 Uhr | Piazza della Sala 1*

ÜBERNACHTEN

HOTEL LEON BIANCO

Einfaches Dreisternehotel, ruhig, preiswert und zentral. *30 Zi. | Via Panciatichi 2 | Tel. 057 32 66 75 | www.hotelleonbianco.it | €*

VILLA DE' FIORI

In dem Landhotel vor den Stadttoren hat man das Gefühl, liebe Verwandte zu besuchen. Gute Küche und Massagen runden das Wohlfühlerlebnis ab. *6 Zi., 2 Apartments | Via di Biginao e Castel Bovani 39 | Tel. 05 73 45 03 51 | www.villadefiori.it | €€*

AUSKUNFT

Piazza Duomo 4 | Tel. 0 57 32 16 22 | www.pistoia.turismo.toscana.it

ZIELE IN DER UMGEBUNG

INSIDER TIPP ▶ ABETONE (137 D2) (*Ø F5*)

Für viele eine echte Überraschung: Die Toskana hat im Apennin ein beachtliches Skigebiet, bis zu 1900 m hoch, verteilt auf vier majestätische Täler, mit modernen Anlagen und 50 km gut ausgebauten Pisten unterschiedlichen Schwierigkeitsgrads *(www.abetone.it)*. Selbst auf Hüttenzauber und Après-Ski, zum Beispiel in der Diskobar *Lupo Bianco (Sommer Fr–Mi 7–20, Winter tgl. 7–1 Uhr | Piazza Abetone)*, brauchen Sie nicht zu verzichten. Zentrum ist das hoch gelegene Dorf *Abetone* 45 km nördlich rund um eine große Piazza mit zwei Steinpyramiden. Im Sommer kommen Wanderfreunde für Touren in die abwechslungsreiche Bergwelt. Eine einfache, gemütliche Unterkunft mit Blick auf den Monte Libro Aperto ist das Familienhotel *Primula (16 Zi. | Via Brennero 195 | Tel. 0 57 36 01 08 | www.hotelprimula.com | €)*.

INSIDER TIPP ▶ FATTORIA LE CELLE ●
(138 A4) (*Ø H6*)

Der Eigentümer Giuliano Gori lädt seit 1982 hochkarätige Künstler zu sich ein, damit sie vor Ort Kunst produzieren. Mittlerweile stehen in dem Landschaftsgarten 8 km östlich von Pistoia in Santomato über 60 Skulpturen und Installationen. Gratisbesichtigung im Sommer nach Anmeldung möglich. *Via Montalese 7 | Tel. 05 73 47 94 86 | www.goricoll.it*

MONTAGNA PISTOIESE
(137 E–F3) (*Ø G6*)

Einsame Seen, wilde Sturzbäche, befestigte Steindörfer und alte Straßen locken Naturfreunde in die ausgedehnten Buchen- und Kastanienwälder der Pistoieser Berge. Kulturwanderer kommen ebenfalls auf ihre Kosten: Thematische Routen führen sie zu den versteckten Zeug-

PISTOIA

nissen der Vergangenheit. Informationen beim auf zahlreiche Standorte verteilten ⏱ *Ecomuseo della Montagna Pistoiese (Tel. 0 57 39 74 61 | www.provincia.pistoia. it/ecomuseo)*. Eine passende Unterkunft ist der rustikal eingerichtete *Agriturismo Il Gufo (4 Apartments | Via Porta Viti 34 | Tel. 34 70 59 91 59 | www.gufotuscany. com | €–€€)* bei *San Marcello Pistoiese*, ideal für Tagesausflüge in die Natur und zur Kunst. Wer lieber faulenzt, kann die überwältigende Berglandschaft vom Rand des Swimmingpools genießen.

MONTECATINI TERME ★
(137 E4) *(⊠ G7)*

Eine Mixtur aus Mineralien, die im Lauf von Jahrmillionen mit Alkali- und Sulfatsalzen angereichert wurde: Das ist das Geheimnis des Heilwassers, mit dem bereits die Römer Leberleiden und Rheuma kurierten. Später nippten Giuseppe Verdi, der Schah von Persien und Gary Cooper am warmen Wasser. Großherzog Pietro Leopoldo I. hat Ende des 18. Jhs. dafür gesorgt, dass aus der Heilquelle ein nobles Heilbad wurde. Er ließ u. a. die klassizistischen *Terme Leopoldine* und das glanzvolle ● *Stabilimento Tettuccio* bauen, mit prachtvollem Säulenportikus und marmornen Zapftheken.

Ansonsten wird das Stadtbild des Kurorts (21 000 Ew.) gut 15 km westlich von Pistoia von Art-nouveau-Architektur bestimmt. Nordöstlich des Kurparks fährt eine rote Standseilbahn zum denkmalgeschützten Stadtteil Montecatini Alto hinauf. Wer sich etwas gönnen möchte, ist im *Grand Hotel & La Pace (130 Zi. | Via della Toretta 1 | Tel. 05 72 92 40 | www. grandhotellapace.it | €€€)*, dem traditionsreichsten Kurhotel der Stadt, in erfahrenen Händen.

Die Gegend un Montecatini ist ein beliebtes Ziel für Gourmets, nicht zuletzt, weil im Nachbarort *Monsummano Terme* ein

● **INSIDER TIPP** **Weltmeister im Schokolademachen** am Werk ist *(Slitti | Via Francesca Sud 1268 | www.slitti.it)* und weil, noch ein Stück weiter südöstlich in *Lamporecchio*, Andreas März, der Herausgeber der Weinzeitschrift Merum, auf seinem biologisch geführten Gut ● ⏱ *Balduccio (Via Greppiano 31 | www.balduccio. it)* sein Wissen gerne mit Interessenten teilt (Anmeldung für Degustationen unter *www.merum.info*).

PESCIA **(137 D4)** *(⊠ F6–7)*

Kaum jemand weiß, dass unzählige der Schnittblumen in deutschen Läden aus dieser Kleinstadt (20 000 Ew.) 25 km westlich von Pistoia stammen. Die bunte Pracht wird frühmorgens auf dem *Mercato dei Fiori* am Bahnhof verkauft. Ein Fluss, die Pescia, teilt das mittelalterliche Zentrum in zwei Teile. Am Westufer liegt der ältere, weltliche Teil. Seine Mitte ist die lang gestreckte *Piazza Mazzini,* einer der schönsten Plätze der Toskana. Am Ostufer befindet sich das religiöse Zentrum. Seine Kostbarkeit ist ein Altarbild von Bonaventura Berlinghieri (1235) in der Kirche *San Francesco.* Das wunderschön gelegene Weingut *Marzalla (Via Collecchio 1 | Tel. 05 72 49 07 51 | www. marzalla.it | €€€)* mit sieben Apartments, Garten und Restaurant ist ein idealer Ausgangspunkt für Entdeckungstouren ins Nievoletal und in die Berge.

SAN MINIATO ★ **(141 E–F2)** *(⊠ G8)*

Der Turm, der über der Stadt (28 000 Ew.) 40 km südlich von Pistoia thront, stammt aus einer Zeit, als der Ort ein wichtiges Verwaltungszentrum des römisch-deutschen Kaiserreichs war. Aus diesem Grund ließ Friedrich II. hier 1218 auch seine *Rocca Federiciana* errichten. Von der Kaiserburg überstand nur der besagte Turm unbeschadet die Wirren der Zeit, wurde dann aber, wie die ge-

www.marcopolo.de/toskana

FLORENZ & DER NORDEN

Die genialen Maschinen und Geräte von Leonardo zeigt das Museum in Vinci

samte Altstadt, 1944 von deutschen Truppen zerstört und erst 1957 wieder aufgebaut. Heute genießt San Miniato Weltruhm als Stadt der weißen Trüffel. Die 129 Stufen zur Spitze ☆ *Turms (Di–So 10–17 Uhr | 3,50 Euro)* lohnen schon wegen der großartigen Sicht auf die Arnoebene. Unterhalb erhebt sich der *Dom* aus dem 13. Jh., daneben führt eine Treppe weiter abwärts zur *Piazza della Repubblica*. Der Platz ist im November Schauplatz der Trüffelmesse.

Wer in rustikalem Ambiente lokale Wildspezialitäten oder Trüffelgerichte kosten möchte, ist in der *Taverna dell'Ozio (Mo geschl. | Via Zara 85 | Tel. 05 71 46 28 62 | €€)* richtig. Reservierung empfohlen! Die ☆ Zimmer im Hotelrestaurant *Albergo Miravalle (21 Zi. | Piazzetta del Castello 3 | Tel. 05 71 41 80 75 | www.albergomiravalle.com | €€)* überraschen mal mit Himmelbett, mal mit wunderbarer Aussicht.

VINCI (137 F5–6) (*ϕ G–H7*)

Das Städtchen (14 000 Ew.) zwischen Pistoia und Empoli steht ganz im Zeichen von Leonardo da Vinci, der hier 1452 als uneheliches Kind zur Welt kam. Zwei Museen erweisen ihm den Tribut, das interessantere ist das *Museo Leonardiano (tgl. 9.30–19, Winter 9.30–18 Uhr | 7 Euro | Piazza dei Guidi | www.museoleonardiano.it)* in der Zwingburg der Grafen Guidi. Dort steht nicht der Künstler, sondern der Naturwissenschaftler und Erfinder Leonardo im Mittelpunkt. Über einen Fußweg gelangt man zum 3 km nördlich gelegenen *Geburtshaus* des Universalgenies im Ortsteil *Anchiano (tgl. 9.30–19, Winter 9.30–18 Uhr | Eintritt frei)*. Der Weg durch Olivenhaine, Mischwälder und Weinberge ist weitaus reizvoller als das Gebäude.

PRATO

(138 B4–5) (*ϕ H–J7*) Kunstreisende machen oft einen Bogen um das „Manchester Italiens", abgeschreckt vom Industriegürtel und der anonymen Vorstadtarchitektur.

46 | 47

PRATO

In der zweitgrößten Stadt der Toskana (190 000 Ew.) werden seit dem 14. Jh. Garne gesponnen, gewebt und exportiert, große italienische Labels lassen Alta Moda anfertigen. Viele Nähereien sind mittlerweile in chinesischer Hand, was die Chinatown vor der gut erhaltenen mittelalterlichen Stadtmauer erklärt.

Joint Venture von Donatello und Michelozzi: Kanzel an Santo Stefano

Was viele nicht wissen: Prato besitzt einen sehr schönen Ortskern voller Kunstschätze und wohlproportionierter Sakral- und Profanbauten – Zeugnisse einer jahrhundertealten Symbiose von Wirtschaft und Kunst. Die große Fußgängerzone ist zudem eine perfekte Einkaufsmeile, vor allen Dingen natürlich für modische Textilien. Kommen Sie mit dem Regionalzug oder dem Bus: Vom Bahnhof sind Sie sofort im Zentrum.

SEHENSWERTES

CASTELLO DELL'IMPERATORE
Die wuchtige Burg mit Eck- und Flankentürmen sollte im 13. Jh. Stauferkaiser Friedrich II. als Stützpunkt auf dem Weg in seine süditalienische Heimat dienen. Er hat die Fertigstellung nicht erlebt. *Mo–Fr 16–19, Sa/So 10–13 und 16–19 Uhr | Eintritt frei | Piazza Santa Maria delle Carceri*

CENTRO PER L'ARTE CONTEMPORANEA LUIGI PECCI
Eines der ältesten Museen für Gegenwartskunst in Italien macht nach wie vor mit hochkarätigen Wechselausstellungen von Künstlern aus dem In- und Ausland von sich reden. Das 2 km südlich der Innenstadt gelegene Zentrum für zeitgenössische Kunst ist auch Ausgangspunkt für organisierte Streifzüge auf den Spuren der Gegenwartskunst durch die Stadt, z. B. zu Henry Moores Marmorskulptur auf der Piazza San Marco, oder in die nähere Umgebung, etwa zum Skulpturenpark der Fattoria Le Celle. Im Sommer oft Abendöffnung mit Konzerten. *Mi–Mo 10–19 Uhr | 5 Euro | Viale della Repubblica 277 | www.centropecci.it*

DOM SANTO STEFANO ★
Hier springt sofort die über Eck angebrachte Außenkanzel ins Auge. Mehrmals im Jahr wird dort der *Sacro Cingolo* präsentiert, ein mit Goldfäden durchwirkter Wollgürtel, der Wunder wirken soll. Die Kanzel stammt von Michelozzi, die Brüstung mit Puttenreliefs von Donatello. Die grün-weiß gestreifte Marmorfassade erhielt der Dom ab 1386, gut ein Jahrhundert später die Terrakottalünette von Andrea della Robbia. Im prachtvol-

www.marcopolo.de/toskana

FLORENZ & DER NORDEN

len Innenraum malte Filippo Lippi, der große Sohn der Stadt, zwei Freskenzyklen auf die Wände der Hauptchorkapelle: links die Vita des Kirchenpatrons, rechts die von Johannes dem Täufer. *Tgl. 7–19 (Chorkapelle Mo–Sa 10–17, So 15–17) Uhr | 3 Euro | Piazza del Duomo*

INSIDER TIPP ▶ MUSEO DEL TESSUTO ●

Unter den Gewölben einer ehemaligen Textilfabrik dokumentieren Maschinen, Produktionstechniken und wertvolle Stoffe aus vergangenen Jahrhunderten die Geschichte der Textilindustrie von Prato. Sonderschauen ergänzen das Ausstellungsangebot. *Mo–Fr 10–18, Sa 10–14, So 16–19 Uhr | 6 Euro | Via Santa Chiara 24 | www.museodeltessuto.it*

PALAZZO PRETORIO

Man sieht dem festungsähnlichen Palast an der Piazza Comunale an, dass er ständig verändert wurde. 1284 als Sitz des Stadtvogts entstanden, ist er einer der eindrucksvollsten Paläste in Mittelitalien. Das Denkmal davor erinnert an den Prateser Textilhändler Francesco di Marco

Datini (1335–1410), ein großer Wohltäter. Die Loggien im Erdgeschoss sind zugemauert, und so betritt man den Palazzo über eine Freitreppe zum ersten Stock. Die dort untergebrachte Kunstsammlung mit Werken u. a. von Filippo Lippi wird zurzeit wegen Umbauarbeiten im Kreuzgang von San Domenico ausgestellt. *So–Do 9–13, Fr/Sa 9–13 und 15–18 Uhr | 4 Euro | Piazza San Domenico*

ESSEN & TRINKEN

ENOTECA BARNI

Zwei Seelen hat dieses Lokal: Mittags ist es „Kantine" für Banker und Geschäftsleute, abends elegantes Restaurant für kreative toskanische Küche. *So geschl. | Via Ferrucci 22 | Tel. 05 74 60 78 45 | €€*

RAZMATAZ

In dem zweistöckigen Lokal kann es Ihnen passieren, dass John Malkovich am Nebentisch sitzt, der gerade an seiner neuen Männerkollektion arbeitet. Ausgezeichnete Vorspeisen! *Mo geschl. | Piazza Mercatale 110 | Tel. 05 74 44 86 19 | €€*

ÖKOMUSEEN

Wie lässt sich zeitgemäß die Beziehung der Landbevölkerung zu ihrem Lebensraum veranschaulichen, wie lokale Identität erklären? In den Pistoieser Bergen und im Casentino heißt die Antwort Ökomuseum. Das ist keins der üblichen Kulturschaufenster, wo die kulturellen und künstlerischen Highlights einer Gegend präsentiert werden. Vielmehr handelt es sich um ein Kulturprojekt mit mehreren Standorten, die jeweils einen Aspekt der lokalen Kultur – Industriearchäologie, Handwerk, Lebensweise,

Erzähltradition – thematisieren. Das geht nur, weil die Bewohner aktiv und ehrenamtlich Verantwortung für die eigene Kultur, Umwelt und Tradition übernehmen. In den Pistoieser Bergen *(www. provincia.pistoia.it/ecomuseo)* erklären sie Besuchern z. B., wie früher Eis haltbar gemacht oder Eisen mithilfe von Wasserkraft erzeugt wurde. Im Casentino *(www.casentino.toscana.it/ecomuseo)* erläutern ehemalige Köhler, wie Holzkohle entsteht, oder erklärt ein Müller, wie seine alte Wassermühle funktioniert.

PRATO

EINKAUFEN

BISCOTTIFICIO ANTONIO MATTEI
Hier wird das berühmte Mandelgebäck der Stadt, die *cantuccini di Prato,* noch original ohne Fett gebacken. *Mo geschl. | Via Ricasoli 20/22 | www.antoniomattei. it*

INSIDER TIPP OPIFICIOJM
In dieser Vitrine für toskanisches Design, lokale Kultur und Lebensart zeigen Künstler und Kreative, was sie können. Wein und Spezialitäten der integrierten Italia-Bar sind garantiert auch „made in Tuscany". *Mo 10–19.30, Di–Sa 10–24, So 18–24 Uhr | Piazza San Marco 39 | www.opificio jm.it*

AM ABEND

CAFFÈ AL TEATRO
Tapas, Drinks und fast jeden Abend Livemusik. *So geschl. | Via Verdi 28 | www. caffealteatro.net*

KING'S PUB
Nette Kneipe mit zivilen Preisen, vor allen Dingen für junge Leute. *Mi geschl. | Via Garibaldi 148*

ÜBERNACHTEN

ALBERGO GIARDINO
Zentral gelegen, gepflegte Zimmer, eigene Garage: alles gute Gründe für das freundliche Stadthotel. *28 Zi. |Via Magnolfi 2–6 | Tel. 05 74 60 65 88 | www.giar dinohotel.com | €*

VILLA RUCELLAI
Schlichte Zimmer, dafür mit Seele, erwarten Sie in dieser Renaissancevilla 4 km vor den Toren der Stadt. *11 Zi. | Via di Canneto 16 | Tel. 05 74 46 03 92 | www. villarucellai.it | €€*

AUSKUNFT

Piazza Duomo 8 | Tel. 0 57 42 41 12 | www. pratoturismo.it

ZIELE IN DER UMGEBUNG

MUGELLO
(138–139 C–D 2–4) (ᗫ J–L 5–6)
Von wegen sanfte Hügellandschaft! Im Rücken von Prato hat die Toskana ein wilderes Gesicht. Im Talbecken südlich des Tosco-Emilianischen Apennins dehnen sich riesige Wälder aus, wo sich Einsiedeleien, verlassene Dörfer, herrliche Villen, Wasserfälle und neuerdings Wölfe verbergen. Touristisch ist die Gegend kein Neuland mehr, doch wird sie von Aktivurlaubern bevorzugt, die zu Fuß, per Rad oder zu Pferd auf gut beschilderten Rundwanderstrecken Natur und Kultur erkunden. Vorbildliches Informationsmaterial erhalten Sie im Touristenbüro der *Comunità Montana (Via Togliatti 45 | Tel. 0 55 84 52 71 85 | www.mugellotoscana. it)* in *Borgo San Lorenzo.*
Wer von Prato über die A 1 kommt, stößt an der Ausfahrt Barberino di Mugello auf das *Barberino Designer Outlet Village (Via Meucci | www.outlet-village.it/barberino),* in dem alle großen Namen der Modebranche vertreten sind. Von dort ist es ein Katzensprung zum bei Surfern, Seglern und Sonnenanbetern beliebten Stausee *Lago di Bilancino.* Zwei Badeanstalten vermieten Sonnenschirme, bieten Bar- und Restaurantbetrieb und sorgen abends für Partystimmung.
In der *Villa Le Maschere (65 Zi. | Via Nazionale 75 | Tel. 055 84 74 32 | www.villale maschere.it | €€€)* in *Barberino* an der Straße zum Futapass, einer der schönsten Villen der Toskana, können Sie alle Vorzüge eines Luxushotels genießen. Bodenständiger geht es im *Agriturismo Sanvitale (8 Zi. | Via Campagna 20 | Tel.*

www.marcopolo.de/toskana

FLORENZ & DER NORDEN

05 58 40 11 58 | www.agriturismosanvitale.it | €–€€) 20 km weiter östlich in *Luco di Mugello* zu; hier bekommen Sie das richtige Feeling für Land, Leute und Lebensart. Auf dem Weg dorthin kommen Sie am *Autodromo del Mugello (www.mugellocircuit.it)* vorbei. Dort jagen Motorradfans und Formel-1-Piloten mehrmals jährlich ihre Maschinen über den Parcours. Kontrastprogramm hierzu ist das **INSIDER TIPP Naturreservat rund um die 1000-jährige Badia di Moscheta** 17 km nördlich an der Straße nach Firenzuola. Besucher kommen wegen der *bistecca fiorentina* ins Restaurant *Badia di Moscheta (Mo/Di geschl. | Via di Moscheta 898 | Tel. 05 58 14 43 05 | €–€€)* gegenüber.

SCARPERIA (139 D3) (*M K6*)

Der elegante *Palazzo Vicario* aus dem 14. Jh. in der toskanischen Messerstadt (7800 Ew.) 45 km nordöstlich von Prato kommt Ihnen bekannt vor? Er ist tatsächlich eine kleinere Ausgabe des Palazzo Vecchio in Florenz. Im Innern ist er mittelalterlich streng, nur das Atrium ist ausgemalt und mit Wappen geschmückt. Links geht es zum Messermuseum *Museo dei Ferri Taglienti (Sommer Mi–Fr 15.30–19.30, Sa/So 10–13 und 15.30–19.30, sonst Sa/So 10–13 und 15–18.30 Uhr | 3 Euro)*. Schneidewerkzeuge jeder Art und Preisklasse finden Sie bei *Coltellerie Berti (Via Roma 43 | www.coltellerieberti.it)*.

VICCHIO (139 D4) (*M L6*)

Das Städtchen (7000 Ew.) 55 km östlich von Prato ist Pilgerstätte für Kunstfreunde: In den grünen Hügeln des Sievetals erblickten Giotto (1267–1337) und Beato Angelico (1387–1455) das Licht der Welt. Ein Schild weist am nördlichen Ortsrand den Weg zu *Giottos Geburtshaus (Sommer Do 10–13, Fr–So 10–13 und 15–19, Winter Sa/So 10–13 und 15–19 Uhr | 4 Euro | Ortsteil Vespignano)*, wo Leben und Werk des Künstlers multimedial thematisiert werden. Wer in der Nähe ist, macht gerne Halt in der *Casa del Prosciutto (Mo/Di geschl. | Via del Ponte 1 | Tel. 0 55 84 40 31 | €€)*, einer Mischung aus Lebensmittelladen und Osteria an der alten Brücke Richtung Barbiana. Kulinarische Souvenirs, Kastanienprodukte, Schafskäse und Tortelli mit Kartoffelfüllung gibt es im Laden der landwirtschaftlichen Genossenschaft ⓧ *Il Forteto (Mo/Di geschl. | www.forteto.it)* 5 km in Richtung Pontassieve.

Eine ganz andere Toskana präsentiert sich im Mugello um den Lago di Bilancino

50 | 51

AREZZO, SIENA & CHIANTI

Arezzo, die Goldene, Siena, die Schöne: Beide Provinzhauptstädte im Südosten der Region scheinen sich an Kunstschätzen nur so zu überbieten. Und auch ihr landschaftlich sehr unterschiedliches Hinterland – die Hügel um Siena und die Ebene bei Arezzo, die zum Apenningebirge hin ansteigt –, ist von großer Kultur und großartiger Natur geprägt.

AREZZO

(144 C4) *(ഝ N10)* **Arezzo** ist eine der ältesten Städte Italiens (100 000 Ew.); sie steht seit jeher für große Kunst, edles Handwerk und wertvolle Antiquitäten. Trotzdem zeigt die ehemalige Etruskerstadt am strategisch günstigen Schnitt-

CITY WOHIN ZUERST?

Es ist nicht leicht, einen Parkplatz zu finden. Versuchen Sie es am besten an der **Piazza del Popolo**, denn dort sind Sie gleich ganz nah an der Basilica San Francesco mit dem berühmten Bilderzyklus. Entspannter ist die Anfahrt mit dem Zug – auch vom Bahnhof sind Sie zu Fuß in nur zehn Minuten dort. Anschließend gelangen Sie über die Flaniermeile Corso Italia mit ihren eleganten Geschäften und dem Gässchen vor der eindrucksvollen Kirche Santa Maria della Pieve zur guten Stube von Arezzo, der Piazza Grande.

Bild: San Gimignano

Kastelle, Kirchen, Klöster und viele Kurven: Zwischen Casentino und Orciatal dominiert das Mittelalter

punkt des fruchtbaren Chianatals und der Bergregion Casentino erst auf den zweiten Blick, was in ihr steckt.

Zunächst heißt es, eine anonyme, zersiedelte Peripherie zu überwinden – doch dahinter entpuppt sich die Stadt als florierendes Provinzzentrum, dessen Altstadt mit prächtigen Palästen, reizvollen Plätzen, vornehmen Geschäften und viel Atmosphäre glänzt. Das Zentrum, das sich einen Hang hinaufzieht, ist überschaubar und lässt sich bequem zu Fuß erkunden. In allen Museen gibt es günstige Sammeltickets für die wichtigsten Museen.

SEHENSWERTES

CASA VASARI

Das prachtvolle Haus ist eines der wenigen erhaltenen Künstlerhäuser der Renaissance: Erbaut und bewohnt wurde es vom Maler und Architekten Giorgio Vasari (1511–1574), der u. a. die Uffizien in Florenz plante und mit seinen Künstlerbiografien ein Standardwerk der Kunstge-

52 | 53

AREZZO

schichte schuf. *Mo und Mi–Sa 8–19, So 8.30–13 Uhr | 2 Euro | Via XX Settembre 55*

DOM SAN PIETRO MAGGIORE
Bemerkenswert an dem gotischen Bau aus dem 13. Jh. neben dem Stadtpark

MUSEO STATALE D'ARTE MEDIEVALE E MODERNA
Das schönste Museum der Stadt in einem Renaissancepalast aus dem 15. Jh. Sein Ausstellungsprektrum reicht von Sandsteinskulpturen aus dem 8. Jh. bis

Ein Jahrzehnt lang malte Piero della Francesca an den Fresken im Chor von San Francesco

Passeggio del Prato sind die bemalten Glasfenster des Guillaume de Marcillat (16. Jh.). Größter Kunstschatz ist das kleine Fresko mit der Maria Magdalena von Piero della Francesca im linken Seitenschiff. *Tgl. 7.30–12.30 und 15–18.30 Uhr | Piazza Duomo*

MUSEO ARCHEOLOGICO NAZIONALE GAIO CILNIO MECENATE
Den größten etruskischen Kunstschatz der Stadt, die Chimäre, hat sich Florenz an Land gezogen. Trotzdem sollten Sie sich die Fundstücke im ehemaligen Kloster aus dem 16. Jh., das über dem römischen Amphitheater errichtet wurde, nicht entgehen lassen. *Tgl. 8.30–19.30 Uhr | 4 Euro | Via Margaritone 10*

zur umfassendsten Majolikasammlung der Toskana. *Di–So 8.30–19 Uhr | 4 Euro | Via San Lorentino 8*

PIAZZA GRANDE ★
Sie meinen, den asymmetrischen, leicht abschüssigen Platz schon mal irgendwo gesehen zu haben? Stimmt: Er war Filmkulisse bei Roberto Benignis „La vita è bella". Doch war die als Marktplatz konzipierte Piazza schon immer Ort für Inszenierungen – seit 1593 ist sie z. B. Kulisse für das mittelalterliche Ritterturnier Giostra del Saracino. Einen Logenplatz, um dem täglichen Treiben zuzuschauen, finden Sie an den Cafétischen unter den prächtigen Vasariloggien (1537) oder auf den Treppenstufen an der Westseite, die

www.marcopolo.de/toskana

AREZZO, SIENA & CHIANTI

zum Gerichtsgebäude und dem eleganten Palazzo Fraternità dei Laici gehören. Die schmalbrüstigen Bürgerhäuser stammen aus dem Mittelalter.

SAN FRANCESCO

Hinter der schmucklosen Fassade der gotischen Basilika verbirgt sich ein Hauptwerk der Frührenaissance, der zehnteilige ⭐ Freskenzyklus „Legende vom Heiligen Kreuz" von Piero della Francesca. Nach langer Restaurierung erstrahlt er erneut in voller Farbenpracht. Fast zehn Jahre arbeitete der Künstler an der 300 m² großen Bildergeschichte; dabei verlegte er das Geschehen im Heiligen Land in seine Zeit und siedelte es in seiner toskanischen Heimat an. Arezzo wurde zu Jerusalem, die toskanische Landschaft zu biblischen Gefilden und die Königin von Saba zur Edeldame der Renaissance. *Sommer Mo–Fr 9–18.30, Sa 9–18, So 13 –18 Uhr, Winter Mo–Fr 9–17.30, Sa 9–17, So 13–17 Uhr, Einlass nur nach Vorbestellung unter Tel. 05 75 35 27 27 oder www. apt.arezzo.it, Kartenabholung im Touris-* *musbüro nebenan | 6 Euro | Piazza San Francesco 1*

SANTA MARIA DELLA PIEVE

Die Lieblingskirche der Aretiner zeigt der Piazza Grande ihren schönen Chorapsisrücken. Die Vorderfront mit dem imposanten Zusammenspiel aus Säulen und Bögen aus dem 12. Jh. macht sie zu einem der schönsten romanischen Monumente der Toskana. Der Campanile wird wegen seiner 40 romanischen Zwillingsfenster Turm der 100 Löcher genannt. *Tgl. 9–12 und 15–18 Uhr | Corso Italia 7*

ESSEN & TRINKEN

ANTICA OSTERIA L'AGANIA

Familienbetrieb mit klassisch toskanischen Gerichten aus saisonalen Spezialitäten. *Mo geschl. | Via Mazzini 10 | Tel. 05 75 29 53 81 | www.agania.com | €–€€*

LOGGE VASARI

Ergattern Sie sich einen Tisch unter den Arkaden mit Blick auf die Piazza Grande

---

MARCO POLO HIGHLIGHTS

⭐ **Piazza Grande in Arezzo**
Ort für Inszenierungen in Film und Alltag → S. 54

⭐ **Freskenzyklus in der Basilika San Francesco in Arezzo**
Piero della Francesca schuf einen der schönsten Bilderzyklen der Kunstgeschichte → S. 55

⭐ **Cortona**
Das Etruskerstädtchen ist ein Inbegriff der Toskana → S. 58

⭐ **Piazza del Campo in Siena**
Ist sie der schönste Platz Italiens? → S. 61

⭐ **Chianti**
Landschaft und Gästekultur vom Feinsten → S. 65

⭐ **Volterra**
Alabaster und Etrusker sind die Stichworte zu der Stadt auf dem Tuffhügel → S. 68

⭐ **San Gimignano**
Das „Manhattan des Mittelalters" will jeder gesehen haben → S. 68

⭐ **Val d'Orcia**
Die betörende Landschaft mit Ausrufezeichen gehört zum Unesco-Welterbe → S. 68

AREZZO

Mittelpunkt und Marktplatz: die mittelalterliche Piazza Grande in Arezzo

– aber vergessen Sie vor lauter Schauen das Essen nicht, es wäre schade um die ausgezeichneten Speisen! *Di geschl. | Piazza Grande 19 | Tel. 0575295894 | www.loggevasari.it | €€–€€€*

EINKAUFEN

BUSATTI
Feine Bett- und Tischwäsche in toskanischen Mustern und Farben. *Corso Italia 48 | www.busatti.com*

MERCATO DELL'ANTIQUARIATO
Jedes erste Wochenende im Monat verwandelt sich die Piazza Grande in den größten Antiquitätenladen Italiens.

AM ABEND

MARTINI POINT
Diese Streetbar ist Garant dafür, dass keinesfalls schon um 21 Uhr die Bürgersteige hochgeklappt werden. *Tgl. | Corso Italia 285*

ROCK 'N' ROLL
Hier heißt es: erst speisen, dann die Kalorien wieder abrocken. *Mo geschl. | Via Calamandrei 183 | www.rocknrollclub.it*

ÜBERNACHTEN

HOTEL PATIO
Bruce Chatwins Reiseerzählungen haben die Einrichtung des ruhigen Stadthotels in einem Stadtpalast inspiriert. *7 Zi. | Via Cavour 23 | Tel. 05 75 40 19 62 | www.hotelpatio.it | €€€*

VILLA I BOSSI
Himmelbetten, prächtige Salons und Buchsbaumhecken im barocken Garten: Die Landvilla vor den Stadttoren ist ein Traum. *17 Zi. | Ortsteil Gragnone 44 | Tel. 05 75 36 56 42 | www.villaibossi.com | €€*

www.marcopolo.de/toskana

AREZZO, SIENA & CHIANTI

AUSKUNFT

Piazza della Repubblica 28 | Tel. 05 75 37 76 78 | www.apt.arezzo.it

ZIELE IN DER UMGEBUNG

ANGHIARI (145 D4) (*m O9*)

Kurz vor Sansepolcro führt 30 km nordöstlich die *stradone* genannte schnurgerade Provinzstraße SP 43 von der Ebene hinauf in das stolze Burgstädtchen (5800 Ew.) mit bildschöner Altstadt und zahlreichen Handwerksbetrieben, darunter das Stammhaus der Wäscheweberei *Busatti* (Via Mazzini 14). Vom Parkplatz links am *stradone* bringt Sie ein Aufzug in ein mittelalterliches Labyrinth aus steilen Treppengassen und dunklen Bogengängen. An der Spitze der verschachtelten Häuser, Palazzi und Plätze erhebt sich das wappengeschmückte Rathaus. Falls Sie länger bleiben möchten, ist der rustikale *Agriturismo Il Sasso (2 Zi., 2 Apartments | Ortsteil San Lorenzo 38 | Tel. 05 75 78 70 78 | www.agriturismoilsasso.it | €–€€)* 3 km außerhalb eine passende Adresse. Die Besitzer organisieren gerne Kulturausflüge und Aktivangebote.

CAMALDOLI (144 B1) (*m N7*)

Herrliche Landschaft und wunderbare Ruhe prägen den 1024 vom hl. Romuald gegründeten Ort. Heute sind Kamaldulenserkloster *(Monastero)* und Einsiedelei *(Eremo)* 45 km nördlich Ausflugsziel und gleichzeitig Rückzugsort für Menschen, die Einkehr suchen. Zunächst treffen Sie auf das riesige Kloster (825 m) mit schönem Lauben- und Kreuzgang sowie der Klosterapotheke. Die Einsiedelei versteckt sich 3 km weiter und 300 m höher in einem Mischwald. In den 20 hausähnlichen Zellen leben noch Mönche. So können Sie nur die Zelle des Ordensgründers, die Kirche und den Kapi-

telsaal besichtigen *(Kloster und Einsiedelei Mo–Sa 9–12 und 15–18, Winter bis 17 Uhr | www.camaldoli.it)*. Die 13 Zimmer in der *Locanda dei Baroni (Via di Camaldoli 5 | Tel. 05 75 55 60 15 | www.alberghi camaldoli.it | €)* sind eher mönchisch, das Essen im Restaurant gut und günstig.

CASENTINO
(144 B–C 1–2) (*m M–O 6–8*)

Das abgeschlossene Hochtal im Norden von Arezzo mit dem Pratomagno im Westen und den Alpe di Catenaia im Osten ist eine Welt für sich. Im Mittelalter waren die riesigen Bergwälder Rückzugsgebiet für Mönche und später für reiche Patrizier, die hier Sommerresidenzen errichteten. Seit 1990 sorgt ein 350 km² großer Nationalpark u. a. dafür, dass sich zwischen dem alten Baumbestand wieder Wölfe tummeln. Das Gebiet können Sie auf einem 600 km langen Wegenetz zu Fuß, zu Pferd oder mit dem Fahrrad erkunden. Info- und Kartenmaterial liegt in den Besucherzentren des *Parco Nazionale delle Foreste Casentinesi* aus, etwa in *Pratovechio (Via Brocchi 7 | Tel. 0 57 55 03 01 | www.parcoforestecasentinesi.com)*. Verwaltungszentrum ist das quirlige *Bibbiena* (10 000 Ew.) mit hübscher Altstadt. Die kurvenreiche SP 208 bringt Sie ostwärts hinauf zur ✿ ● *Abbazia La Verna (www.santuariolaverna.org)* auf 1128 m. Man muss kein Pilger sein, um im dazugehörigen *Hospiz (Chiusi della Verna | Tel. 05 75 53 42 10 | www.santuariolaverna. org, Stichwort accoglienza | €)* günstig übernachten zu dürfen. Das Kloster über einem Abgrund inmitten von Buchen und Fichten wurde von Franz von Assisi gegründet, der 1224 hier seine Wundmale erhielt. Von außen abweisend, offenbart sich die steingraue Anlage im Inneren als labyrinthisches Gefüge aus Kapellen, Kirchen, Mönchszellen und der Grotte, in die sich der Heilige zum Beten zurückzog.

AREZZO

An der Straße von Bibbiena nach La Verna liegt der hotelartige *Agriturismo La Collina delle Stelle (9 Zi., 2 Apartments | Ortsteil Casanova 63 | Tel. 05 75 59 48 06 | www.lacollinadellestelle.it | €–€€)*, ein guter Ausgangspunkt für Entdeckungsfahrten in die Umgebung.

Schmale Gassen und steile Treppenwege prägen das Stadtbild von Cortona

CORTONA ★
(144–145 C–D6) (*O12*)

Kirchen, Klöster und Palazzi, die sich in verwitterten Steinmauern zusammendrängen, steile Gassen und gepflasterte Treppen, die zu stimmungsvollen Plätzen führen: In der alten Etruskerstadt (23 000 Ew.), die sich 30 km südlich einen Abhang hinaufzieht, sieht die Toskana aus, wie man sie sich erträumt. Das lässt sich auch vom eleganten Landgasthaus *Il Falconiere (19 Zi. | Ortsteil San Martino 370 | Tel. 05 75 61 26 79 | www.ilfalconiere.com | €€€)* in der Nähe sagen, wo im Restaurant eine Meisterin am Herd steht.

Der Sehnsuchtsort will erobert werden, am besten mit bequemen Schuhen. Der Aufstieg vom Parkplatz unterhalb der Stadtmauern über die Via Guelfa ist mühsam. Das haben Sie auf der *Piazza della Repubblica* jedoch sofort vergessen. Der Platz zwischen dem Rathaus aus dem 14. Jh. oberhalb einer großen Freitreppe und dem Palazzo del Popolo mit offenen Arkaden aus dem 13. Jh. ist Bühne des täglichen Lebens (und im wörtlichen Sinn während des Klassikfestivals Mitte Juli, www.festivaldelsole.com). Straßencafés laden ein, Geschäfte bieten Kulinarisches und Kunsthandwerk, und im Museum für Archäologie und Stadtgeschichte *MAEC (April–Okt. tgl. 10–19, Nov.–März Di–So 10–17 Uhr | 8 Euro | Piazza Signorelli 9 | www.cortonamaec.org)* können Sie ein kurioses Sammelsurium aus antiken Fundstücken bewundern. Daneben geht es zum Dom aus dem 11. Jh. auf einer ☼ Aussichtsterrasse. Im unscheinbaren *Museo Diocesano (April–Sept. tgl. Okt. Di–So 10–19, Nov.–März Di–So 10–17 Uhr | 5 Euro | Piazza del Duomo 1 | www.cortona-musei.it)* gegenüber hängt eines der berühmtesten Gemälde der Welt, die „Verkündigung" des Beato Angelico.

Auf dem Weg zurück zum Auto bekommen Sie im *De Gustibus (tgl. 9.30–20 Uhr, im Winter Di/Mi geschl. | Via Guelfa 73 | Tel. 05 75 61 37 31 | €–€€)* panini und Vorspeisen aus lokalen Spezialitäten.

LUCIGNANO (144 B6) (*M12*)

Anschaulicher kann ein Beispiel für ein mittelalterliches Burgdorf auf einer Anhöhe kaum sein. Beim Bummel durch den 30 km südwestlich auf 414 m gelegenen Ort (3600 Ew.) verstehen Sie, wie sich

www.marcopolo.de/toskana

AREZZO, SIENA & CHIANTI

eine Siedlung innerhalb einer Wehranlage entwickelte. Dominiert wird der Ort von der mächtigen Stiftskirche *San Michele Arcangelo* aus dem 16. Jh. Der wappengeschmückte *Palazzo Pretorio* links dahinter ist fast 300 Jahre älter. Das südliche Stadttor *Porta San Giusti* bildet die Zeitschleuse ins Mittelalter und zurück.

POPPI (144 B2) (*M–N8*)

Die mittelalterliche Burg der Grafen Guidi (12. Jh.) zählt zu den besterhaltenen Monumenten der Toskana. 40 km nördlich von Arezzo gelegen, dominiert sie Ort (6400 Ew.) und Umgebung. Bei Ponte a Poppi geht es links über eine alte Steinbrücke einen bewaldeten Hügel hinauf. An der Abzweigung gibt es in der *Osteria del Tempo Perso (Via Roma 79)* die besten *panini* weit und breit. Im wappengeschmückten Innenhof der *Burg (März–Okt. tgl. 10–18, Nov.–Feb. Do–So 10–17 Uhr | 4 Euro | www.castellodipoppi.it)* gelangen Sie über eine geschwungene Treppe in die Wohngemächer. Wunderschön die Kapelle mit Fresken aus dem 14. Jh. und die wertvollen Handschriften der Bibliothek. Nehmen Sie sich Zeit für einen Bummel über die mit Bogengängen gesäumte *Via Cavour* zur romanischen Abteikirche *San Fedele.*

SANSEPOLCRO (145 E3) (*P9*)

Der Geburtsort von Piero della Francesca (s. Kapitel Ausflüge & Touren) liegt 35 km östlich inmitten von sanften Hügeln, die sich im Hintergrund zu Bergen aufwölben. Innerhalb der mittelalterlichen Stadtmauern hat sich das Lebensgefühl einer ländlichen Kleinstadt (16 500 Ew.) bewahrt. Das bronzene Denkmal in der Nähe der gigantischen Loggia von 1591 verrät, dass die Kunststadt auf eine Klöppeltradition zurückblickt.
Der zum Gutshotel umgebaute Hof der Familie Boninsegni *(Agriturismo La Con-*

ca | 13 Zi. und Apartments | Ortsteil Paradiso 16 | Tel. 05 75 73 33 01 | www.laconca. it | €€) passt zur freundlichen Stimmung. Im *Tourismusbüro (Via Matteotti 8 | Tel. 05 75 74 05 36 | www.apt.arezzo.it)* bekommen Sie Infomaterial zu thematischen Wanderwegen, z. B. auf den Spuren des Franz von Assisi *(www.sentierodi francesco.it).*

STIA (144 A1) (*M7*)

Naturfreunde kennen das hübsche Städtchen 40 km nördlich von Arezzo an den Hängen des Monte Falterone, weil hier der Arno entspringt, Schmiede, weil alle zwei Jahre hier ihre Weltmeisterschaft

LOW BUDG€T

▶ Die Goldstadt Arezzo hat natürlich ein Schmuckoutlet: *Unoaerre | Via Fiorentina 550 | www.unoaerre.it*

▶ Unter dem Begriff *vino sfuso* verkaufen viele Weingüter und Fachgeschäfte offenen Wein. Selbst Chianti Classico oder Rosso di Montalcino bekommen Sie so für weniger als die Hälfte des Flaschenpreises. Sie brauchen lediglich eine leere 5-l-Flasche, die man immer wieder auffüllen lässt. Achtung: Den Transport über die Alpen übersteht offener Wein jedoch meist nicht sehr gut.

▶ 75 Euro für ein Doppelzimmer mit Bad und Frühstück mitten in Siena?! Das finden sie im umgebauten Frauenkonvent *Alma Domus (28 Zi. | Via Camporegio 37 | Tel. 0 57 74 41 77 | www.hotelalmadomus.it).* Mit Glück bekommen Sie sogar ein �****�****☆ Zimmer mit Panoramablick auf die Altstadt.

SIENA

stattfindet, Modebewusste wegen des *panno di lana,* einer Art toskanischer Loden in grellen Farben. Eingebettet in dichte Wälder, beeindruckt der Ort (3000 Ew.) auch mit der lang gestreckten *Piazza Tanucci* und den farbenfrohen Häusern, einige davon mit Arkaden. Dort finden Sie das Hotelrestaurant *Falterona (15 Zi. | Piazza Tanucci 85 | Tel. 05 75 50 45 69 | www.albergofalterona.it | €)* mit casentinesischer Küche und den Showroom der Wollkooperative *T. A. C. S. (www.tacs.it),* die in der *Via Sanarelli 49* ihr Outlet hat. Am Weg nach Arezzo, liegt rechts oberhalb von Pratovecchio die ▶INSIDER TIPP▶ *Pieve San Pietro di Romena* aus dem 12. Jh., eine der schönsten romanischen Kirchen in diesem Teil der Toskana.

SIENA

⬡ KARTE AUF SEITE 62

(143 D6) *(⊠ K11)* **Die Stadt (55 000 Ew.) ist eins der großen italienischen Wunder. In prachtvoller Hügellage und geschützt von einer wehrhaften Mauer, konnte sie ihren mittelalterlichen Charakter fast unbeschadet bis in die Moderne retten. Strenge Bauvorschriften hatten dafür gesorgt, dass nichts die Harmonie des Stadtbilds störte. Selbst Autos und Fernsehantennen wurden aus dem Zentrum verbannt.**

Im Mittelalter entwickelte sich die auf drei Hügeln erbaute Stadtrepublik zum wichtigen Handels- und Finanzzentrum. Daran änderte sich auch nichts, als sie sich 1555 dem verhassten Florenz unterordnen musste. Ausgeprägt ist das Zugehörigkeitsgefühl der Sienesen zu ihrem Stadtviertel, das seinen sichtbarsten Ausdruck im Palio *(www.ilpalio.org)* findet, dem berühmten (und umstrittenen) Pferderennen: Jedes Jahr am 2. Juli und 16. August treten immer zehn der 17 Stadtviertel *(contrade)* Sienas gegeneinander an. Dreimal umrunden die Tiere die Piazza del Campo, der siegreichen *contrada* winkt eine Standarte – ebender *palio*. Vor den Stadtmauern finden Sie gebührenpflichtige Parkplätze *(www.sienaparcheggi.com).* Besser ist es, Sie nehmen den Bus: Dann sind Sie gleich auf der Via di Città, die Sie zur Piazza del Campo bringt.

SEHENSWERTES

INSIDER TIPP COMPLESSO MUSEALE SANTA MARIA DELLA SCALA

Wo vor 1000 Jahren Rompilger unter freskengeschmückten Tonnengewölben übernachteten und später Kranke, Arme und Findelkinder versorgt wurden, residieren heute ein Museum für Archäologie, eins für zeitgenössische Kunst und eins für Kinder. *Tgl. 10.30–18.30, im Winter bis 16.30 Uhr | 6 Euro | Piazza Duomo 2 | www.santamariadellascala.com*

DOM SANTA MARIA

Der Grundstein für die spektakuläre Kathedrale mit der hell-dunkel gestreiften Fassade von Giovanni Pisano wurde 1136 gelegt, die Fertigstellung dauerte fast 200 Jahre. Trotzdem war sie den Sienesen nicht groß genug, und sie planten einen Erweiterungsbau, bei dem der heutige Dom nur das Querschiff sein sollte. Baumängel und Geldmangel machten die Pläne zunichte. Geblieben ist eine Mauer mit ❀ Panoramaterrasse rechts vom Dom.

Märchenhaft wirkt der Innenraum der dreischiffigen Basilika, wo vor allem die Marmorkanzel des Nicola Pisano mit ausdrucksstarken Reliefszenen und die detailreichen Fresken in der *Libreria Piccolomini* links Ihre volle Aufmerksamkeit verdienen, ganz zu schweigen vom intarsiengeschmückten Marmorboden, der

AREZZO, SIENA & CHIANTI

leider nur von Mitte August bis Ende Oktober zu besichtigen ist *(Aufpreis 3 Euro)*. Links vom Dom geht es hinab zum *Battistero San Giovanni (tgl. 9.30–20, Winter 10–17 Uhr)*, der Taufkapelle, deren mächtige Pfeiler auch den Domchor tragen. Das Taufbecken aus dem 15. Jh. schuf Jacopo della Quercia. Hauptattraktion des *Dommuseums (tgl. 9.30–20, Winter 10–17 Uhr)* ist die Maestà von Duccio Buoninsegna (1311). *Mo–Sa 10.30–20, So 13.30–18, Winter Mo–Sa 10.30–18.30, So 13.30–17.30 Uhr | 10 Euro (Dom, Baptisterium, Panoramapunkt und Museum) | www.operaduomo.siena.it*

nige der bedeutendsten Kunstschätze der Toskana: In der Sala della Pace malte Ambrogio Lorenzetti im 14. Jh. die Allegorien der „Guten und der Schlechten Regierung" auf die Wand. In der Sala del Mappamondo, dem „Saal der Landkarte", befinden sich das älteste Fresko Sienas, eine Maestà (Madonna mit Kind, 1315), und die erste großformatige Landschaftsdarstellung in der europäischen Malerei, benannt nach dem darauf abgebildeten Feldherrn Guidoriccio, beide von Simone Martini. *Tgl. 10–19, Winter bis 18 Uhr | 8 Euro | Piazza del Campo 1*

Schwarz und Weiß, die Farben Sienas, prägen auch den Dom Santa Maria

PALAZZO PUBBLICO

Das Rathaus der Stadt und seine zinnenbekrönte, 90 m hohe ☼ *Torre del Mangia* sind steingewordener Ausdruck von Selbstverständnis und Selbstvertrauen der Sienesen. Der Backsteinbau mit romanischen Bögen und gotischen Kreuzgewölben beherbergt im ersten Stock ei-

PIAZZA DEL CAMPO ★

Ihre einzigartige Harmonie verdankt die zum Rathaus hin abfallende Piazza – was weiße Streifen im roten Ziegelsteinpflaster, die sich unten treffen, noch unterstreichen – nicht nur der ungewöhnlichen Muschelform. Schon um 1300 schrieb eine Art städtischer Bebauungsplan vor, dass sämtliche Fenster der Pa-

60 | 61

SIENA

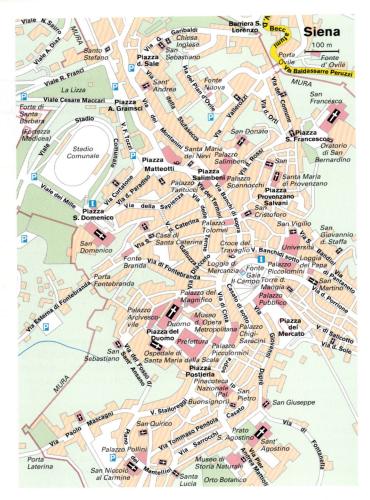

lazzi dieselbe gotische Triforienform haben sollten wie der Palazzo Pubblico; gut sichtbar ist das beim eleganten *Palazzo Sansedoni* mit kleinem Turm. Heute haben sich überall im Erdgeschoss Restaurants und Cafés, viele mit Außenterrasse, eingenistet. Von dort haben Sie einen herrlichen Blick auf die taubenumschwirrte *Fonte Gaia*. Dieser rechteckige Brunnen wurde im 15. Jh. von Jacopo della Quercia geschaffen, nach zahlreichen Beschädigungen im 19. Jh. jedoch stark umgestaltet. Er ist ein beliebter Treffpunkt für Einheimische und Touristen, vor allem wenn der Platz endlich im Schatten liegt.

www.marcopolo.de/toskana

AREZZO, SIENA & CHIANTI

PINACOTECA NAZIONALE DI SIENA
Die Patrizierfamilie Buonsignori vermachte ihren prächtigen Stadtpalast mit dem eleganten Renaissancebrunnen im Innenhof der Provinz mit der Auflage, ihn als Museum zu nutzen. So befindet sich hier die bedeutendste Sammlung sienesischer Malerei, mit Werken u. a. von Duccio di Buoninsegna und Simone Martini. *Di–Sa 8.15–19.15, So 8.15–13.15, Mo 8.30–13.30 Uhr | 4 Euro | Via San Pietro 29*

ESSEN & TRINKEN

IL CANTO
Im Hotel Certosa di Maggiano serviert Kochkünstler Paolo Lopriore die kreativste Küche der Stadt in edlem Ambiente. *Mi-Mittag und Di geschl. | Strada di Certosa | Tel. 05 77 28 81 82 | €€€*

ENOTECA COMPAGNIA DEI VINATTIERI
Wein steht hier zwar im Vordergrund, doch ist das Essen keineswegs Nebensache. *Mo geschl. | Via delle Terme 79 | Tel. 05 77 23 65 68 | www.vinattieri.net | €€*

OSTERIA E ENOTECA SOTTO LE FONTI
Direkt gegenüber vom Parkplatz Santa Caterina bekommen Sie traditionelle sienesische Gerichte wie die handgerollten *pici*-Nudeln oder die Suppe *ribollita*. *So geschl. | Via Esterna Fontebranda 114 | Tel. 05 77 22 64 46 | www.sottolefonti.it | €€*

EINKAUFEN

ANTICA DROGHERIA MANGANELLI
Feinschmecker bekommen hier Spezialitäten aus der Umgebung. *Via di Città 71/73*

ENOTECA ITALIANA
In den Gewölben der Medicifestung werden sämtliche italienischen Spitzenweine präsentiert und verkauft. *Mo–Sa 12–1 Uhr | Piazza Libertà 1 | www.enoteca-italiana.it*

TESSUTI FIORETTA BACCI
Schals und Jacken aus edlen Materialien, die meisten handgewebt. *Via San Pietro 7*

Über den Palazzo Pubblico und die Piazza del Campo wacht die Torre del Mangia

FREIZEIT & SPORT

TREKKING URBANO
Beliebte Freizeitbeschäftigung für Sienesen, die die Geheimnisse ihrer Stadt, darunter die unterirdischen Wasserleitungen *I Bottini*, kennenlernen wollen. Kartenmaterial auf *www.trekkingurbano.info*.

AM ABEND
Sehen und gesehen werden heißt es abends rund um die *Croce del Travaglio*, wo die Flaniermeilen *Via Bianchi di Sopra*, *Via Bianchi di Sotto* und *Via di Città* zusammenlaufen.

SIENA

AL CAMBIO
Tanzbar, manchmal auch mit Livemusik, vorwiegend für junge Leute. *Via di Pantaneto 48 | www.alcambio.net*

ÜBERNACHTEN

IL CHIOSTRO DEL CARMINE
Erst Karmeliterkloster, dann Studentenwohnheim: Diese Vergangenheit merkt man dem Wohlfühlhotel am Südrand der Altstadt kaum noch an. *18 Zi. | Via della Diana 4 Tel. 05 77 22 38 85 | www.chiostrodelcarmine.com | €€*

HOTEL MINERVA
Das einfache, doch mit allem notwendigen Komfort ausgestattete Hotel liegt ideal. Es lässt sich gut mit dem Auto anfahren und ist doch nur zehn Gehminuten vom Zentrum entfernt. *56 Zi. | Via Garibaldi 72 | Tel. 05 77 28 44 74 | www.albergominerva.it | €–€€*

Ausdrucksstark: Fresken im Kreuzgang des Klosters Monte Oliveto Maggiore

PALAZZO RAVIZZA
Hohe Räume, behagliche Salons und ein Garten mit Aussicht auf die Landschaft sprechen für das Hotel. *34 Zi. | Pian dei Mantellini 34 | Tel 05 77 28 04 62 | www.palazzoravizza.it | €€–€€€*

AUSKUNFT

Piazza del Campo 56 | Tel. 05 77 28 05 51 | www.terresiena.it

ZIELE IN DER UMGEBUNG

ABBAZIA DI MONTE OLIVETO MAGGIORE (148 C2) (*L12*)
Ein festungsartiges Tor und ein Zypressenwald trennen das 35 km südlich gelegene Mutterhaus des Olivetanerordens (1313) auf einer von Wind und Regen angefressenen Anhöhe von der Welt. Beachtung verdienen das geschnitzte Chorgestühl mit Holzintarsien in der Kirche und der überwältigende große Kreuzgang. Luca Signorelli und Sodoma haben ihn um 1500 mit einer Bildergeschichte über den hl. Benedikt ausgemalt. In der *liquoreria* verkaufen die Klosterbrüder Kräuterliköre. Zum Kloster gehört außerdem der einfache *agriturismo Podere Le Piazze (6 Zi. | Via delle Piazze 14 | Tel. 05 77 70 72 69 | €)* im nahen Chiusure di Asciano. *Tgl. 9.15–12 und 15.15–17, im Sommer bis 18 Uhr | www.monteolivetomaggiore.it*

ABBAZIA DI SAN GALGANO (147 F2) (*J13*)
Auch der russische Regisseur Andrei Tarkowski erlag der Faszination der gewaltigen Klosterruine 35 km südwestlich von Siena und nutzte das 70 m lange, durch spitzbogige Arkaden geteilte Kirchenschiff ohne Dach als Filmkulisse für „Nostalghia". 1224 war mit dem Bau des Zisterzienserklosters begonnen worden; sein Niedergang begann um 1500. Die *Tratto-*

www.marcopolo.de/toskana

ria *Il Minestraio (Di geschl. | Via del Fosso 1b | Tel. 05 77 75 11 43 | €€)* im Nachbarort *Chiusdino* überzeugt mit Gerichten von der Tageskarte.

CHIANTI ⭐
(143 D–E 2–5) (*ⁿ K–L 8–11*)

Das Herz der Toskana ist Weinland. Über der Hügellandschaft zwischen Siena und Florenz kräht der schwarze Hahn: Der Gallo Nero ist das Gütezeichen der zahlreichen Weingüter. Doch das Faszinierendste ist die Landschaft selbst, Gestalt gewordene Harmonie aus zarten Pastelltönen. Zypressengesäumte Straßen schlängeln sich durch Weinberge, Olivenhaine und Steineichenwälder zu befestigten Dörfern, kühnen Burgen sowie prächtigen Villen. In der Vergangenheit gehörte das Land Patrizierfamilien und wurde von Bauern in Halbpacht bestellt. Erst Mitte des 20. Jhs. machte die Landflucht diesem System ein Ende. Heute gehören die Bauernhäuser (oft ausländischen) Liebhabern oder wurden von den Gutsbesitzern, die den Wein- und Olivenanbau selbst übernommen haben, zu Ferienwohnungen für Wein- und Kulturtouristen umgebaut. Bei einem Ausflug ins Chianti sollten Sie einen Besuch auf einem der Weingüter am Wegrand einplanen, z. B. im *Castello Fonterutoli (Tel. 05 77 74 04 76 | www.fonterutoli.com)* 17 km nördlich von Siena an der Strada Chiantigiana (SS 222). Melden Sie sich vorher an!

5 km weiter stoßen Sie auf das stark vom Tourismus geprägte *Castellina in Chianti*. In der *Trattoria Il Fondaccio dai Dottori (tgl. | Via Fiorentina 73 | Tel. 05 77 74 29 11 | www.ilfondaccio.com | €€)* mit schönem Garten an der Straße nach San Donato in Poggio gibt es die lokalen Gerichte trotzdem zu annehmbaren Preisen. Wer länger hier bleiben möchte, sollte eins der vielen sorgfältig umgebauten Bauern-

häuser als Domizil wählen wie z. B. *Il Colombaio (13 Zi. | Via Chiantigiana 29 | Tel. 05 77 74 04 44 | www.albergoilcolombaio.it | €)* im Norden.

In Castellina gehen Straßen in alle Himmelsrichtungen ab, eine landschaftlich schöner als die andere. Wenn Sie auf der Chiantigiana bleiben, stoßen Sie 3 km vor Greve in Chianti auf die Abzweigung nach Lamole. An der Straße liegt das Weingut *Vignamaggio (Via Petriolo 5 | Tel. 055 85 46 61 | www.vignamaggio.it | €€€)*, das auch 23 Zimmer und Apartments vermietet. In der Renaissancevilla mit Gartenlabyrinth soll Leonardos Mona Lisa gelebt haben.

Greve in Chianti (11 000 Ew.) ist der Hauptort des Chianti. Hier verdient die asymmetrisch angelegte und mit Arkaden gesäumte *Piazza Matteotti* einen Halt. Am schmalen Ende des Platzes können Sie in der *Enoteca del Gallo Nero* Weine degustieren, in Hausnummer 11 gibt es Touristeninfos, in der berühmten *Antica Macelleria Falorni* Salamispezialitäten und in Nummer 83 im *Ristorante Il Portico (Mi geschl. | Tel. 05 58 54 74 26 | www.ristoranteilportico-chianti.com | €€)* beste toskanische Hausmannskost.

Am nördlichen Ortsausgang zweigt links eine Straße ab zur *Badia a Passignano.* Hinter den hohen Abteimauern leben Mönche, in der *Osteria di Passignano (So geschl. | Tel. 05 58 07 12 78 | www.osteriadipassignano.com | €€–€€€)* daneben führt Sie Spitzenkoch Matia Barciulli mit weltlichen Genüssen (Olivenöles!) in Versuchung.

Von Castellina lohnt auch der Abstecher nach ● *Radda in Chianti* (1700 Ew.). Dort scharen sich hinter hohen Stadtmauern Häuser und Palazzi um kleine Kirchen. Der Ort ist 😊 „Centro Commerciale Naturale", d. h. Wurstwaren, Wein, selbst die farbenfrohen *Pratesi-Schuhe (Via Chiasso dei Portici 9)* sind „made in Tus-

SIENA

cany". Zu dieser Lebensphilosophie passen die Frauenwirtschaft *Osteria Al Chiasso dei Portici* (Di geschl. | Tel. 05 77 73 87 74 | €€) gegenüber mit toskanischen Klassikern wie *pappa col pomodoro* und die nahe gelegene *Fattoria Poggerino* (3 Apartments | Tel. 05 77 73 89 58 | www.poggerino.com | €€), wo Sie die Sonnenuntergänge am Pool genießen können. Von Radda sind es 10 km bis zur 1000 Jahre alten Abtei **INSIDER TIPP** ▶ *Badia a Coltibuono* (April–Okt. tgl. 14, 15, 16 und 17 Uhr |5 Euro) in einem grandiosen Wald, heute Weingut und Hotel (10 Zi. | Tel. 05 77 74 48 32 | www.coltibuono.com | €€–€€€). Ein Hauch von Vergangenheit weht durch die ehemalige Benediktinerabtei. Gleichzeitig ist sie erfolgreiches Weingut, Landgasthof und Spitzenrestaurant. Über die SP 408 geht es zurück nach Siena. Am Weg liegt bei Pievasciata der *Parco Sculture del Chianti* (April–Okt. tgl. 10 Uhr–Sonnenuntergang, Nov.–März n. V. | 7,50 Euro | Tel. 05 77 35 71 51 | www.chiantisculpturepark.it), ein privater Skulpturenpark, der Sie mit zeitgenössischer Kunst in die Gegenwart zurückholt.

CHIUSI (149 F3) (⌀ O14)

Hierher fährt man der Kunstschätze wegen, die in einem klassizistischen Tempel aufbewahrt werden, dem *Museo Archeologico Nazionale* (tgl. 9–20 Uhr | 4 Euro | Via Porsenna 93). Der Ort (9000 Ew.) 80 km südlich von Siena gehörte einst zum etruskischen Zwölferbund. Anhand der Fundstücke bekommen Sie einen Überblick über Leben und Sterben dieses alten Volks.

MONTALCINO (148 C3) (⌀ L13)

Lange Zeit war der befestigte Ort (5000 Ew.) 50 km südlich auf 570 m Höhe über dem Orciatal uneinnehmbar. Erst Mediciherzog Cosimo I. gelang es 1560, das letzte Bollwerk der ruhmreichen Stadtre-

publiken Italiens einzunehmen. Schmalbrüstig und wappengeschmückt erinnert der *Palazzo dei Priori* an die Piazza del Popolo an die große Vergangenheit. Doch im Grunde kommt man her, um den preisgekrönten Rotwein zu degustieren. Vier Jahre muss er in Eichenfässern lagern, bevor er sich Brunello di Montalcino nennen darf. Fachkundige Beratung finden Sie in der *Enoteca della Fortezza* (Piazzale Fortezza | www.enotecalafortezza.it). Gefragte Souvenirs sind die ledernen Notizbücher und Taschen von *Maledetti Toscani* (Via Voltaia nel Corso 40 | www.maledettitoscani.com). Gute Hausmannskost, nette Stimmung und ordentliche Preise machen die **INSIDER TIPP** ▶ *Taverna del Grappolo Blu* (tgl. | Scale di Via Moglio 1 | Tel. 05 77 84 71 50 | €–€€) bei Einwohnern und Urlaubern gleichermaßen beliebt.

Am Weg von Montalcino nach Castelnuovo dell'Abate liegt die **INSIDER TIPP** ▶ romanische Benediktinerabtei *Sant'Antimo* (Mo–Sa 10.30–12.30 und 15–18.30, So 9.15–10.45 und 15–18 Uhr) aus dem 12. Jh. Das Innere der strengen Basilika ist von magischer Schönheit, was das durch schlitzartige Fenster fallende Sonnenlicht noch unterstreicht.

MONTEPULCIANO (149 E3) (⌀ N13)

Das ummauerte Weinstädtchen (15 000 Ew.) auf einem Hügel 65 km südöstlich von Siena war immer sehr reich und konnte sich die besten Architekten leisten. Michelozzo gestaltete im 15. Jh. das *Rathaus* nach Art des florentinischen Palazzo Vecchio um, und Antonio di Sangallo entwarf im 16. Jh. den *Palazzo Tarugi* und die außerhalb gelegene Kirche *Madonna di San Biagio* mit ihrer markanten Kuppel. Außer dem Rotwein Vino Nobile di Montepulciano, den früher nur Adlige keltern durften, lockt heute das zeitgenössische Musik- und Theaterfestival *Can-*

www.marcopolo.de/toskana

AREZZO, SIENA & CHIANTI

tiere Internazionale dell'Arte (www.fonda zionecantiere.it) Ende Juli, Anfang August Besucher in die Stadt. Das *Caffè Poliziano (tgl. | Via Voltaia del Corso 27/29 | www. caffepoliziano.it)* gilt als schönstes Café der Toskana, die *Enoteca la Bottega del Nobile (Via di Gracciano nel Corso 93 | www.vinonobile.eu)* als schönster Weinkeller der Stadt.

sein. Das erforderte auch neue Grundsätze im Städtebau, klar und rational, fand Papst Pius II. und beauftragte 1460 den Renaissancearchitekten Bernardo Rossellino, seinen Heimatort in eine „ideale Stadt" zu verwandeln. Als Erstes entwarf dieser einen Bürgersaal unter freiem Himmel, die Piazza Pio II. Darum herum ordnete er den Bischofspalast (Palazzo

Ein Ziegelmeer: Die Dächer von Montepulciano passen zum Farbton des Vino Nobile

MONTERIGGIONI (142 C5) (*J11*)

„Giganten, die in der Hölle stehen", nannte Dante die Türme der 1203 errichteten, kreisförmigen Befestigungsanlage auf einem Hügel 10 km nördlich. Besonders stimmungsvoll ist der Ort (9000 Ew.) Anfang Juli beim mittelalterlichen Fest Di Torre Si Corona. Im einzigen Hotel innerhalb der Mauern, dem *Hotel Monteriggioni (12 Zi. | Via 1° Maggio 4 | Tel. 05 77 30 50 09 | www.hotelmonteriggioni. net | €€€),* sind Sie der Welt entrückt.

PIENZA (149 D3) (*M13*)

Nach dem mystischen Mittelalter durfte der Mensch wieder selber Mitte und Maß

Piccolomini), das Rathaus mit Arkaden und den wohlproportionierten Dom an. Mit einem optischen Trick – die Seiten des Platzes laufen trapezförmig auseinander – täuschte er Größe vor.

Ein kulinarisches Muss ist vor Ort die Osteria *Sette di Vino (Mi geschl. | Piazza di Spagna 1 | Tel. 05 78 74 90 92 | €€)* mit lokalen Spezialitäten, eine besondere Unterkunft der **INSIDER TIPP** *Agriturismo Sant'Anna (43 Zi. | Ortsteil Sant'Anna in Camprena | Tel. 05 79 74 80 37 | www. camprena.it | €€)* in Camprena 6 km nördlich. Das ehemalige Kloster war Drehlocation für den Film „Der Englische Patient".

66 | 67

SIENA

SAN GIMIGNANO ★
(142 B4) (ØØ H10)

Je höher, desto mächtiger: Diesem mittelalterlichen Wettbewerb der Eitelkeiten verdankt die Stadt (7000 Ew.) 45 km nordwestlich ihre Wahrzeichen, die heute bis zu 54 m hohen Geschlechtertürme, von denen noch 15 erhalten sind. Millionen Touristen kommen ihretwegen in das befestigte Städtchen. Ist der Rummel abends vorbei, gehören die mittelalterlichen Straßen und gepflasterten Plätze wieder den Bewohnern.

Am Hauptplatz, der *Piazza della Cisterna* mit ihrem braunen aus Travertinstein, liegt das gleichnamige Hotelrestaurant *(50 Zi. | Tel. 05 77 94 03 28 | www.hotelcisterna.it | €€)*; es hat seit Jahren einen guten Ruf, und in der *Gelateria di Piazza (tgl.)* ist ein Meister am Werk. An der Piazza Duomo nebenan liegen viele der mittelalterlichen Schmuckstücke, die Sie sich nicht entgehen lassen sollten: die vollkommen mit Fresken ausgemalte Stiftskirche *Santa Maria Assunta* (1148) mit breitem Treppenaufgang, die *Loggia del Battistero* mit dem Wandbild aus der Werkstatt des Domenico Ghirlandaio (1476), der *Palazzo Vecchio del Podestà* (12. Jh.) mit seinem großen Torbogen und der wappengeschmückte *Palazzo del Popolo,* in dem sich das *Stadtmuseum* befindet. Es hat dieselben Öffnungszeiten *(Sommer tgl. 9.30–19, Winter 10–17.30 Uhr | 5 Euro)* wie die ☀ *Torre Grossa* nebenan (Panoramablick über das gesamte Elsatal!). Zum Kloster *Sant'Agostino* aus dem 13. Jh. mit berühmten Fresken von Benozzo Gozzoli geht es über die Via San Matteo und die Via Cellolese.

Unter den Kunsthandwerkern sticht Franco Balducci mit seiner erlesenen Designerkeramik hervor: **INSIDER TIPP** *Ceramiche Aristica Balducci (Piazza delle Erbe 5 | www.francobalducci.com).* In der *Osteria del Carcere (Mi geschl. | Via del Castello 10 | Tel. 05 77 94 19 05 | €€)* gibt es – typisch toskanisch – als *primo* Suppe statt Pasta.

VAL D'ORCIA ★
(148–149 C–D 3) (ØØ M13–14)

„Land des Windes und der Wüste" werden die endlos dahinrollenden Hügel der *Crete* im Süden von Siena wegen ihres verwitterten Lehmbodens, der im Sommer schnell austrocknet, auch genannt. Kaum jemand vermag sich der Faszination dieser Kargheit zu entziehen. Mancherorts hat sich die mit Weizenfeldern, Weinbergen und Olivenhainen durchwobene Mondlandschaft seit Jahrhunderten kaum verändert. Statt Neubauten, Verkehrsschneisen und Industriegebieten setzen Zypressen, einsam gelegene Gehöfte und Klöster sowie mittelalterliche Bergnester hier Akzente. Heute ist das weitläufige Tal zwischen Buonconvento, Monte Amiata und Montepulciano als Parco Artistico, Naturale e Culturale della Val d'Orcia *(www.parcodellavaldorcia.com)* Natur- und Kulturpark und Unesco-Welterbe. Die Landschaft sei, so heißt es in der Begründung, Ergebnis ständigen und überlegten Handelns des Menschen. Die Parkverwaltung sitzt im wunderschönen Dorf *San Quirico d'Orcia.* Im Sommer organisiert sie ein Festival mit Musik, Tanz, Theater und Film. Am Wegrand treffen Sie auf antike Thermen, wo Sie noch heute Körper und Seele heilen können. Etwas Besonderes sind die heißen Schwefelquellen von *Bagno Vignoni.* Das dampfende, offene Bassin aus dem Mittelalter wird nicht mehr genutzt, wohl aber dessen moderne Version im *Hotel Posta Marcucci (36 Zi. | Tel. 05 77 88 71 12 | www.hotelpostamarcucci.it | €€–€€€).*

VOLTERRA ★ (141 F5) (ØØ G11)

Der in einer bizarren Hügellandschaft auf porösem Tuffstein erbaute Ort (12 000

AREZZO, SIENA & CHIANTI

Ew.), der von Tourismus und Alabaster lebt, ist unübersehbar eine alte Etruskerstadt. Damals hieß sie Velathri und gehörte zum mächtigen Städtebund. Danach machte sie erst anderthalb Jahrtausende später wieder von sich reden, als freie Kommune, die sich 1530 Florenz unterordnen musste. Heute sind Wind und Wetter ihre Feinde: Sie unterhöhlen die *balze*, die Ton- und Tuffschichten, auf denen die Stadt erbaut wurde.

Vom gut 50 km entfernten Siena kommend, betreten Sie die befestigte Altstadt durch die Porta Selci an der Medici-Festung. Kurz dahinter liegt das *Museo Etrusco Guarnacci (tgl. 9–19, im Winter 9–13.30 Uhr | 8 Euro | Via Don Minzoni 15).* Zur Sammlung gehören die spindeldürre Bronzestatuette „Abendschatten" *(Ombra della Sera)* und das Symbol etruskischer Kunst schlechthin, der Sarkophag mit liegenden Brautleuten. In unmittelbarer Nachbarschaft, in Hausnummer 70, serviert man Ihnen in der freundlichen Atmosphäre der *Trattoria Ombra della Sera (Mo geschl. | Tel. 05 88 88 66 63 | €€)* lokale Küche.

Von der Via Gramsci geht es rechts zum *Römischen Theater,* das noch immer als Sommerbühne genutzt wird, und links über die Via Matteotti zur wunderbar erhaltenen *Piazza dei Priori.* Dort erheben sich das älteste Rathaus der Toskana, der *Palazzo Priori* (1208–1254,) und der *Palazzo Pretorio,* ebenfalls aus dem 13. Jh., mit Turm und Loggia. Über die Piazza San Giovanni mit dem Dom *Santa Maria Assunta* aus dem 12. Jh. und achteckigem Baptisterium gelangen Sie zum *Arco Etrusco* aus dem 4. Jh. v. Chr. Es ist eines der wenigen erhaltenen etruskischen Stadttore.

An der Straße liegen auch Volterras berühmte Alabasterwerkstätten. Den besten Ruf hat der INSIDER TIPP Familienbetrieb *Rossi* an der *Via del Mandorlo 7 (www.rossialabastri.com).* Seitdem man aus der Twilight-Saga weiß, dass hier eine königliche Vampirfamilie haust, ist Volterra auch zu einem Mekka für Fans des Vampirkults geworden, die zur INSIDER TIPP *New Moon Tour (30 Euro | www.newmoonofficialtour.com)* strömen. Im großen Park des Hotels *Villa Nencini (34 Zi. | Borgo Santo Stefano 55 | Tel. 058 88 63 86 | www.villanencini.it | €–€€)* können Sie sich vom Grusel bestens erholen.

Von Kitsch bis Kunst: Souvenirs aus Alabaster sind allgegenwärtig in Volterra

68 | 69

MAREMMA & COSTA DEGLI ETRUSCHI

Eine vielgestaltige Küste: mal felsig und schroff, mal sanft und sandig, von Pinien gesäumt, mit herrlichen Stränden und malerischen Häfen. Ein von üppiger Vegetation bedecktes Hinterland, mal hügelig und kultiviert, mal bergig und wild, wo sich kleine Orte um mittelalterliche Burgen drängen. Die Provinzen Grosseto und Livorno am Tyrrhenischen Meer faszinieren mit abwechslungsreicher Natur, großartiger Kultur und riesigem Freizeitangebot.

GROSSETO

(150 B1) *(J16)* **Der Tourismus hat die südwestlichste Provinz erst relativ spät wachgeküsst. Dabei hatten bereits die Etrusker an dem mit Bodenschätzen gesegneten Landstrich Gefallen gefunden.**
Das Problem: Die sumpfige Gegend konnte nur unter großen Anstrengungen bewohnbar gemacht werden, nicht zuletzt wegen der Malaria, die immer wieder die Menschen vertrieb. Erst im 20. Jh. gelang es, die Sümpfe endgültig trockenzulegen. Danach avancierte die Provinz schnell zur Kornkammer und zum Gemüsegarten der Region. Das ist der Grund für die zahlreichen Direktvermarkter von *frutta e verdura* längs der Straßen.
Die Provinzhauptstadt (80 000 Ew.), im Mittelalter Bischofssitz, liegt gut 10 km von der Küste entfernt. Noch bis 2001 versperrten Autos die Sicht auf die historischen Bauten der Altstadt. Heute schlendern Einheimische und Besucher

Bild: Yachthafen von Porto Ercole auf Monte Argentario

Keine Chance für Langeweile: Zwischen Silberberg und Etruskerküste liegt das Urlaubsparadies der Toskana

durch einen herausgeputzten Ortskern mit breiten Arkaden, trinken an Cafétischen Espresso und flanieren über die schicke Einkaufsstraße Corso Carducci.

SEHENSWERTES

FORTEZZA MEDICEA
Auf den breiten Mauern dieses sechseckigen Bollwerks aus dem 16. Jh. können Sie rund um das Zentrum spazieren. Beim Bau wurde die ältere Zitadelle *(Cassero Senese | Sommer Di–Sa 10–20, So 10–13 und 17–20, Winter Di–So 10–18 Uhr)* integriert. Der (bis dahin schiffbare) Wassergraben rund um die Stadtmauer wurde 1835 in Grünanlagen und Straßen umgewandelt.

MUSEO ARCHEOLOGICO E D'ARTE DELLA MAREMMA
Im Museum für die lokale Archäologie und Kunst wird deutlich, mit welcher Pracht sich die etruskischen Herren der Maremma umgaben. *Sommer Di–Sa 10–20, So 10–13 und 17–20, Winter Di–So*

GROSSETO

10–18 Uhr | 5 Euro | Piazza Baccarini 3 | www.archeologiatoscana.it

PIAZZA DANTE

Um das Prestige aufzubessern, verpasste sich die Stadt im 19. Jh. an ihrem zentralen Platz einen historischen Anstrich. Der romanisch-gotische *Dom* aus dem 14. Jh. bekam eine Marmorfassade im mittelalterlich-sienesischen Stil, das neue Rathaus hatte die neugotischen Florentiner

immer wieder neu. *So/Mo geschl. | Viale Manetti 1 | Tel. 0 56 42 51 42 | €€–€€€*

FIUMARA BEACH

Im Ortsteil Marina di Grosseto serviert ein junges Team im Sommer Fischgerichte direkt am Strand. Sie sollten rechtzeitig reservieren – und an Mückenschutz denken! *Tgl. | Ortsteil Fiumara | Tel. 0 56 43 40 40 | www.fiumarabeach.it | €€*

Viel Platz: Bei Marina di Grosseto finden Sie auch einen weitläufigen freien Strand

Paläste zum Vorbild, und beim Neubau der Provinzverwaltung orientierte man sich am Rathaus von Siena. Das Denkmal in der Mitte ist ein Dankeschön an den Lothringer Fürsten Leopold II., der sich um die Trockenlegung der Maremma verdient gemacht hat.

ESSEN & TRINKEN

LA BUCA DI SAN LORENZO

Das Restaurant in der Stadtmauer gilt seit Jahren als bestes Lokal der Stadt. Wirt Claudio Musu ruht sich nicht auf seinen Lorbeeren aus, sondern kombiniert

ROSSO E VINO

Ein wenig Restaurant, ein wenig *enoteca*: Die Gäste werden mit kreativen Varianten regionaler Gerichte und den besten Weinen der Gegend verwöhnt. *Di geschl. | Piazza Pacciardi 2 | Tel. 05 64 41 12 09 | €€*

EINKAUFEN

INSIDER TIPP CANTINA VINI DI MAREMMA ●

Maremma zum Mitnehmen gibt es in dem Genossenschaftsladen an der SS 332. Die lukullischen Spezialitäten stammen von den Bauern der Gegend. *Ortsteil Il*

www.marcopolo.de/toskana

MAREMMA & COSTA DEGLI ETRUSCHI

Cristo | Marina di Grosseto | www.ivinidi maremma.it

MERCATO SETTIMANALE
Jeden Donnerstagvormittag reiht sich auf dem Wochenmarkt an der Stadtmauer Kleider- an Haushaltswarenstand. *Piazza del Mercato*

FREIZEIT & STRAND

PFERDELAND MAREMMA
Im Abenteuerland der berittenen Hirten, der *butteri,* gibt es alles, was die Herzen von Pferdefreunden höher schlagen lässt: Wanderritt, Strandgalopp, Kutschenfahrt. *Equinus | Via dell'Unione 37 | Tel. 0 56 42 49 88 | www.cavallomaremmano.it*

STRANDLEBEN
Sonnenbaden, Kitesurfen, Planschen, Segeln: Im Sommer ist der Küstenort Marina di Grosseto quasi städtischer Freizeitpark. Je nach Gusto können Sie zwischen frei zugänglichem Strand und gepflegtem Strandbad *(bagno)* wählen. Und gleich hinter der Fiumarabrücke liegt der Hundestrand. Auskunft: *www. marinadigrosseto.it*

AM ABEND

PUB IRISH SOUL
Auch im Weinland Toskana weiß man gutes Bier zu schätzen. Die Kneipe im ältesten Haus der Stadt hat einen europäischen Querschnitt vorrätig. *Tgl. | Piazza del Mercato 23 | www.irishsoulpub.it*

ÜBERNACHTEN

FATTORIA DEL BACCINELLO
Das schick gestylte Landgut samt Restaurant und Swimmingpool liegt gut 25 km östlich bei Baccinello, doch die lange Anfahrt lohnt sich. *6 Zi., 6 Apartments |* Tel. 0 56 41 91 15 69 | www.fattoriadelbacicinello.com | €€*

LOLA PICCOLO HOTEL
Bei der Renovierung ihres Strandhotels entschied sich Familie Ferroni für funktionelles Design und Pastelltöne. Eigener Hotelstrand. *36 Zi. | Via XXIV Maggio 39 | Marina di Grosseto | Tel. 0 56 43 44 02 | www.lolahotel.it | €€–€€€*

MARCO POLO HIGHLIGHTS

⭐ **Massa Marittima**
Mittelalterliches Gesamtkunstwerk → S. 75

⭐ **Il Giardino di Daniel Spoerri**
Für die Ehefrau des Künstlers war der Skulpturenpark sein Poesiealbum → S. 74

⭐ **Parco Regionale della Maremma**
Zu Besuch bei den „Cowboys" der Toskana → S. 75

⭐ **Pitigliano**
Toskanisches Jerusalem aus gelbem Tuffstein → S. 78

⭐ **Sovana**
Die imposantesten etruskischen Anlagen der Toskana → S. 79

⭐ **Bolgheri**
Seine Zypressenallee ziert sämtliche Toskanabildbände → S. 82

⭐ **Parco Archeologico di Baratti e Populonia**
Ein toskanisches Pompeji → S. 83

GROSSETO

AUSKUNFT

Im Sommer: *Corso Carducci 1* | *Tel. 05 64 48 82 08;* sonst: *Via Monte Rosa 206* | *Tel. 0 56 44 62 61* | *www.turismoinmaremma.it*

ZIELE IN DER UMGEBUNG

CASTIGLIONE DELLA PESCAIA
(147 D6) (*M G16*)

Typisch mediterranes Urlaubsflair und prämierte Strand- und Wasserqualität sind zwei der Pluspunkte für das Hafenstädtchen (7500 Ew.). 22 km westlich. Beidseitig schützt ein breites Pinienband den kilometerlangen Sandstrand, an der Mole schaukeln weiße Yachten, bunte Kutter landen täglich frischen Fisch an. Den bekommen Sie hervorragend zubereitet bei *Romolo* (*Di geschl.* | *Corso della Libertà 10* | *Tel. 05 64 93 35 33* | *€€–€€€*). An der Strandpromenade reiht sich ein *bagno* ans nächste, und abends schieben sich Urlauber auf der Flaniermeile an Bars, Shops und Restaurants vorbei, darunter die **INSIDER TIPP** *Gelateria Paradise* (*tgl. 10–2 Uhr* | *Via Vittorio Veneto 13*) mit dem cremigsten Eis der Gegend. Das Meer zum Greifen nah hat das *Hotel Miramare* (*37 Zi.* | *Via Vittorio Veneto 35* | *Tel. 05 64 93 35 24* | *www.hotelmiramare.info* | *€€*). Über allem thront eine befestigte Oberstadt, wo man durchs Mittelalter spaziert.

IL GIARDINO DEI TAROCCHI
(151 E4) (*M L18*)

Formenreich und kunterbunt wachsen hier 22 Symbole des Tarotspiels aus dem Boden. Die französische Künstlerin Niki de Saint Phalle (1930–2002) hat den Garten anlegen lassen. Für einen Besuch müssen Sie 60 km südlich die vierspurige Küstenstraße Aurelia an der Ausfahrt Pescia Fiorentina verlassen. *April–Mitte Okt. tgl. 14.30–19.30, Nov.–März 1. Sa im Monat 9–13 Uhr* | *10,50 Euro, Nov.–März gratis* | *www.nikidesaintphalle.com*

IL GIARDINO DI DANIEL SPOERRI ★
(148 C4) (*M L14*)

In seinem Skulpturengarten am Nordhang des Monte Amiata bei Seggiano 65 km nordöstlich von Grosseto hat der Schweizer Bildhauer Daniel Spoerri eigene Installationen und die von Freunden aufgestellt. So rumpelt dort auf Knopfdruck eine von Jean Tinguelys grotesken Schrottmaschinen, wird auf einer kleinen Anhöhe Jesús Sotos Klangskulptur vom Wind zum Klingen gebracht und stolpern Besucher über einen in Bronze gegossenen Haufen aus Filzpantoffeln von Spoerri selbst. *Ostern–Juni und Mitte Sept.–Okt. Di–So, Juli–Mitte Sept. tgl. 11–20, Nov.–Ostern nach Anmeldung* | *10 Euro* | *Tel. 05 64 95 08 05* | *www.danielspoerri.org*

MAREMMA
(150 A–B 1–3) (*M H–J 16–17*)

Reizvolle Landschaft, glasklares Wasser, kilometerlanger feiner Strand, schattige Pinienhaine, geschichtsträchtige Orte

www.marcopolo.de/toskana

MAREMMA & COSTA DEGLI ETRUSCHI

und eine Sonne, die fast das ganze Jahr vom azurblauen Himmel lacht: Nicht ohne Grund hat sich der Küstenstreifen zwischen Grosseto und der Halbinsel Monte Argentario zum Urlaubsparadies entwickelt. Hinzu kommen zahlreiche Ferienbauernhöfe wie die *Fattoria La Capitana (5 Apartments | Via Sterpeti 1 | Tel. 05 64 50 77 70 | www.lacapitana.it | €€)* bei Magliano oder bei Scansano das Weingut *Antico Casale (24 Zi. | Ortsteil Castagneta | Tel 05 64 50 72 19 | www.anticocasalediscansano.it | €€€)* mit Spa, die Ursprünglichkeit und Lebensqualität versprechen.

Herzstück ist der ★ ☺ *Parco Regionale della Maremma.* Frei bewegen dürfen sich in dem Naturschutzpark zwischen der Ombronemündung und dem Hafen Talamone nur Wild und die Rinder des Landwirtschaftsbetriebs *Azienda di Alberese (www.alberese.com)*, die von berittenen Hirten gehütet werden. Besucher müssen den Park durch die Eingänge in Talamone und Alberese betreten und auf den Wegen bleiben. Informationen über kostenpflichtige Touren, Nachtwanderungen und ● INSIDER TIPP Kanufahrten im Besucherzentrum von Alberese *(Centro Visite Alberese | Juni–Sept. tgl. 8–20.30, Okt.–Mai 8.30–13.30 Uhr | Via Bersagliere 7/9 | Tel. 05 64 40 70 98 | www.naturalmentetoscana.it).* Auf der Website finden Sie eine Liste mit Unterkünften auf dem Parkgelände. Wie der Park, so hat sich auch das Restaurant *Da Remo (Mi geschl. | Rispescia Stazione 5/7 | Tel. 05 64 40 50 14 | €€)* seit Jahrzehnten kaum verändert, besonders was die Qualität der Fischgerichte betrifft.

Die Maremma lockt nicht nur mit intakter Natur – auch Aktivurlauber und Kulturfreunde sind hier richtig: Golfen, Biken, Wandern, Jazzkonzerte und Folkloreevents – hier ist für jeden was dabei. Auskunft: *Viale Monte Rosa 206 | Grosseto | Tel. 05 64 46 26 11 | www.turismoinmaremma.it*

MASSA MARITTIMA ★
(147 D3) (G13–14)

An die mittelalterliche Bergbaustadt (9000 Ew.) 50 km nördlich kann man sein Herz verlieren. Ein Aperitif bei Sonnenuntergang auf der Piazza Garibaldi, der Blick über das weite Umland bis zum

Bildet den südlichen Abschluss des Naturschutzparks der Maremma: Talamone

74 | 75

GROSSETO

Meer vom ☼ Wehrturm *Torre del Candeliere* (Sommer Di–So 10–13 und 15–18, Winter 11–13 und 14.30–16.30 Uhr | 2,50 Euro) an der Piazza Matteotti, ein Bummel durch die Gassen der Unterstadt aus romanischer Zeit bis hinauf zur gotisch geprägten Oberstadt Città Nuova sind nur einige Gründe dafür. Dass der Ortskern so gut erhalten ist, muss man der Malaria zuschreiben: Sie zwang die Bewohner im 15. Jh. zur Flucht. Vier Jahrhunderte lag die Stadt im Dornröschenschlaf, bevor sich wieder Menschen hertrauten. Zentrum ist die *Piazza Garibaldi* in der unteren Città Vecchia, die Sie am besten vom Piazzale Mazzini im Osten aus erreichen. Dort erhebt sich auf einem Podest, umgeben von strengen Travertinpalästen, der wunderschöne *Dom San Cerbone*. Wundervoll die frühchristlichen Reliefs (11. Jh.) an der Fassadeninnenseite! Ein paar Schritte entfernt bekommen Sie in der *Taverna del Vecchio Borgo* (So-

Abend und Mo geschl. | Via Parenti 12 | Tel. 05 66 90 39 50 | €€–€€€) typische Wildgerichte. 10 km südlich der Stadt sorgt im Weingut *Tenuta del Fontino* (25 Zi., 6 Apartments | Ortsteil Accesa | Tel. 05 66 91 92 32 | www.tenutafontino.it | €€) eine Südtirolerin dafür, dass Sie sich zwischen Pool, Waldsee und Reitstall wunderbar entspannen können.

LOW BUDG€T

▶ Günstiger als mit der *Livorno Card (im Punto Informazioni | Via Alessandro Pieroni 18)* geht es kaum! Für 3 Euro am Tag bzw. 5 Euro für drei Tage können Sie in Livorno mehrere Museen besuchen, den Stadtbus benutzen und bekommen Preisnachlass im Aquarium und bei der Bootsrundfahrt.

▶ 60 Euro für ein Doppelzimmer mit Bad bei Massa Marittima? Möglich macht das die Diözese, die einen Teil eines Franziskanerklosters als Feriendomizil nutzt: ● *Domus Bernardiniana* | Via S. Francesco 10 | Tel. 05 66 90 26 41 | www.domusbernardiniana.it

MONTE AMIATA ⊙ (149 D5) (*M15*)
An klaren Tagen ist die charakteristische Kegelform des erloschenen Vulkans (1738 m) in der gesamten Toskana zu sehen. Trotzdem gelten seine wald- und wasserreichen Abhänge als Geheimtipp. Jahrtausendelang lebte die Bevölkerung dort von den Bodenschätzen. Seit in den 1970er-Jahren die letzte Zinnobermine geschlossen wurde, setzt man auf sanften Tourismus mit pflanzen- und tierreichen Schutzgebieten sowie einem dichten Netz thematischer Wanderwege, darunter der INSIDER TIPP Kastanienpfad *Strada del Castagno*. Der Ausflug in die spektakuläre Landschaft ist zudem eine Begegnung mit einer jahrtausendealten Kultur. Kostenlose Wanderkarten bekommen Sie im *Tourismusbüro (Via Adua 25 | Tel. 05 77 77 58 11 | www.amiataturismo.it)*

MAREMMA & COSTA DEGLI ETRUSCHI

So leer werden Sie die Piazza Garibaldi in Massa Marittimas Città Vecchia kaum je erleben

des Hauptorts *Abbadia San Salvatore* (7000 Ew.) 75 km östlich von Grosseto an der Ostflanke des Monte Amiata. Sehenswert dort sind die älteste toskanische *Abtei (tgl. 7–20 Uhr)* aus dem Jahr 750 mit einer von 36 Säulen gestützten Krypta und das *Minenmuseum (Museo Minerario | Mitte Juni– Okt. tgl. 9.30–12.30 und 15.30–18.30 Uhr, sonst nach Anmeldung | 6 Euro | Piazzale Rossaro 6 | Tel. 05 77 77 83 24 | www.museominerario.it)*, in dem die Geschichte des Zinnoberabbaus dokumentiert ist. Im Hotelrestaurant *Fabbrini (35 Zi. | Via Cavour 53 | Tel. 05 77 77 99 11 | www.hotelfabbrini.com | €–€€)* in einer alten Stadtvilla finden Sie eine einfache, doch komfortable Unterkunft.

Den wohl schönsten Ort (3000 Ew.) am Monte Amiata, *Santa Fiora*, betreten Sie am besten von Süden her. Gleich hinter der Brücke, an der Piazza Garibaldi, stoßen Sie auf den ältesten Ortsteil *Castello* mit Überresten einer Burg, einem Uhrturm und dem Renaissancepalast der Familie Sforza. Über die Via Carolina, wo Sie im *Al Barilotto (Mi geschl. | Via Carolina 24 | Tel. 05 64 97 70 89 | €€)* schmackhafte lokale Kost bekommen, gelangen Sie zum Ortsteil *Borgo* zu Füßen des Castello. Ein dritter Ortsteil, *Montecatino*, liegt vor den Stadtmauern; er ist bekannt für das riesige Fischbecken aus dem 15. Jh., die *Peschiera*, in der das Wasser der Fiora aufgefangen wird.

MONTE ARGENTARIO
(150 B–C 4–5) (*J18–19*)

Türkisfarbenes Meer, weiße Sandbuchten und kantige Klippen säumen das Vorgebirge 45 km südlich. Zwischen zwei Nehrungen *(tomboli)*, die die Insel mit dem Festland verbinden, hat sich eine Salzwasserlagune gebildet. Dort überwintern Flamingos in einer 🌱 *WWF-Oase (nur Sept.–April Sa/So 9.30–15.30 Uhr | 5 Euro | Eingang Via Aurelia km 148,3)*. In der Nähe liegt die familienfreundliche *Villa La Parrina (12 Zi., 3 Apartments | Ortsteil La Parrina | Tel. 05 64 86 26 36 | www.parrina.it | €€–€€€)*.

Auf einer Landzunge, die vom Festland in die Lagune hineinragt und durch einen künstlichen Damm mit dem Vorgebirge verbunden ist, befindet sich die alte Hafenstadt *Orbetello* mit sehenswertem Dom. Lagunenfischer betreiben dort das urige Fischrestaurant *I Pescatori (Sommer tgl., Winter Mo–Fr geschl. | Via Leopardi 9 | Tel. 05 64 86 06 11 | €€)*, wo sie auch

76 | 77

GROSSETO

nur die Spezialität INSIDERTIPP *bottarga*, geräucherte Fischeier, kaufen können. Auf der Halbinsel erreichen Sie rechts *Porto Santo Stefano,* wo die ☼ Küstenstraße *Strada Panoramica* beginnt, auf der Sie den Hafen *Porto Ercole* auf der gegenüberliegenden Seite erreichen. Im

rusker, Römer sowie im Mittelalter die Adelsfamilie Orsini mitgeschrieben. Der Ortskern hinter dem gewaltigen Aquädukt ist ein Labyrinth aus Gassen und Treppen, wo im Mittelalter spanische Juden Zuflucht fanden. Daran erinnern INSIDERTIPP der *Friedhof,* eine *Synagoge* und ein *Museum* (So–Fr 10–13.30 und 14.30–18.30, Winter 10–12.30 und 15–17.30 Uhr | 3 Euro | Vicolo Marghera) sowie eine *Konditorei* (Via Zuccarelli 167) mit koscheren Süßigkeiten. Markenzeichen des Restaurants *Il Grillo* (Di geschl. | Via Cavour 18 | Tel. 05 64 61 52 02 | €) sind solide Traditionsgerichte.

INSIDERTIPP SATURNIA
(151 E2) (*M L17*)

Man kommt der heißen Schwefelquellen wegen her, die 60 km östlich von Grosseto hier aus einem Vulkankrater sprudeln. Über der römischen Therme wurde ein Luxushotel (*Terme di Saturnia* | 140 Zi. | Ortsteil Follonata | Tel. 05 64 60 01 110 | www.termedisaturnia.it | €€€) errichtet, in dem auch zahlende Tagesgäste willkommen sind. Das abfließende Wasser fällt weiter unten beim ● Wasserfall *Cascata del Mulino* in Stufen in ein natürliches Tuffsteinbecken. Dort genießen Sie die wohltuende Wirkung gratis.

Ildebranda-Grab in Sovana: vor 4000 Jahren in den Tuffstein gemeißelt

dichten Buschwald verbergen sich die Villen der Vips und bei Porto Ercole das Luxushotel *Il Pellicano* (50 Zi., 15 Suiten | Ortsteil Sbarcatello | Tel. 05 64 85 81 11 | www.pellicanohotel.com | €€€).

PITIGLIANO ★ (151 F2) (*M M17*)

Der Anblick verschlägt einem den Atem, wenn gut 70 km südöstlich ganz unvermutet der Ort (4500 Ew.) auftaucht, der aus dem gut 300 m hohen Tuffsteinfelsen herauszuwachsen scheint. An seiner 3500 Jahre alten Geschichte haben Et-

SORANO (151 F1–2) (*M M16*)

Die mittelalterliche Felsenstadt (3700 Ew.) 80 km östlich von Grosseto gehört zum Eindrucksvollsten, was der Südosten der Toskana zu bieten hat. Terrassenförmig um einen Tuffsteinfelsen gebaut, ist es jede der verwinkelten Gassen mit Wohntürmen und malerischen Innenhöfen wert, durchwandert zu werden. In den dicken Mauern der *Burg* (um 1550), die den Ort überragt, hat ein stimmungsvolles Hotel (*Hotel della Fortezza* | 16 Zi. | Piazza Cairoli | Tel. 05 64 63 20 10 | www.fortezzahotel.it | €€) Platz gefunden.

www.marcopolo.de/toskana

MAREMMA & COSTA DEGLI ETRUSCHI

SOVANA ⭐ (151 F2) (🗺 M17)

Kriege und Katastrophen haben das Straßendorf verfallen lassen, behutsame Modernisierung und Denkmalpflege es erneut zum Leben erweckt. Dabei bekam auch das Hotelrestaurant *La Taverna Etrusca (Mi geschl. | 18 Zi. | Piazza Pretorio | Tel. 05 64 61 41 13 | www.sovana.eu | €€–€€€)* am gepflasterten Dorfplatz geschichtsträchtigen Charme. Die allgegenwärtigen Aldobrandeschi hatten im 11. Jh. die etruskische Siedlung zur gigantischen Festung ausgebaut, in der jener Papst zur Welt kam, der 1077 den deutschen Kaiser Heinrich IV. zum Gang nach Canossa zwang. Nicht entgehen lassen sollten Sie sich den romanischen *Dom* sowie den ● *Parco Archeologico Città del Tufo (Mitte März–Okt. tgl. 10–19, Nov.–Mitte März Fr–So 9–17 Uhr | 5 Euro | www.leviecave.it)* an der Straße SP 22 Richtung San Martino. Dort befinden sich das Grab *Tomba Ildebranda* aus dem 3. Jh. v. Chr., das als Tempel mit Frontsäulen und Treppen in den Felsen gehauen wurde, sowie *Il Cavone,* ein in den weichen Tuffstein geschlagener Hohlweg. Denken Sie an bequeme Schuhe! Etruskische Kultur können Sie auch in Form von Schmuckreproduktionen mit nach Hause nehmen *(Arte Etrusca | Mi geschl. | Via del Duomo 24).*

VETULONIA (147 D–E5) (🗺 H15)

Isidoro Falchi, einem Arzt mit Faible für Archäologie, ist es zu verdanken, dass man weiß, wo sich die Etruskerstadt Vatl befand: 1892 war er bei dem mittelalterlichen Weiler 22 km nordwestlich erstmals auf Grabstätten gestoßen. Seitdem hat die Erde zahlreiche Siedlungsreste preisgegeben. Im *Museo Civico Archeologico (Juni–Sept. Di–So 10–14 und 16–20, Okt.–Feb. 10–16, März–Mai 10–18 Uhr | 4,50 Euro)* am Ortseingang befinden sich die Grabbeigaben. Nicht mit etruskischen, sondern mit mittelalterlichen Rezepten hat sich Francesco Angeloni in der `INSIDER TIPP` *Osteria Il Cantuccio (Mi geschl. | Piazza Indipendenza 31 | Tel. 05 64 94 80 11 | €€)* im Nachbardorf *Buriano* ins Herz seiner Stammgäste gekocht.

LIVORNO

(140 B3–4) (🗺 D9) Viele kennen die Hafenstadt (161 000 Ew.) nur als Durchgangsstation nach Elba, Korsika und Sardinien. Das hat die zweitgrößte Stadt der Toskana nicht verdient! Sie besitzt zwar keine aufgetakelte Altstadt mit Renaissancepalästen und mittelalterlichen Gassen, punktet dafür aber mit herrlich breiten Straßen, in denen das Sonnenlicht bis in den hintersten Winkel gelangt, mit einem geschäftigen Alltagsleben und gutgelaunten Bewohnern.

Bedeutung erlangte Livorno erst im 16. Jh. auf Wunsch der florentinischen Herrscherfamilie Medici, die einen Zugang zum Meer brauchte. Um reiche Ju-

---

🏙 **WOHIN ZUERST?**

Beginnen Sie mit einem Spaziergang über die Meerpromenade **Viale Italia.** Den Wagen können Sie auf dem kostenpflichtigen Parkplatz an der Piazza Mazzini gegenüber vom Hafenbecken Nuova Darsena abstellen und dort in die Buslinie 1 Richtung Süden steigen, die Sie zur Aussichtsterrasse Mascagni und zum Aquarium bringt. In entgegengesetzter Richtung fährt die Linie 1 zur zentralen Piazza Grande, von wo aus Sie bequem das Quartiere Venezia und die beiden Medici-Festungen erreichen.

LIVORNO

den herzulocken, verordnete man zudem per Gesetz Rede- und Religionsfreiheit. Das ist der Grund für das Völkergemisch, das die Stadt prägt.

SEHENSWERTES

INSIDER TIPP ACQUARIO COMUNALE

Die 65 Becken im städtischen Aquarium am vorderen Ende der schachbrettartig gepflasterten Terrazza Mascagni erlauben spannende Einblicke in die Unterwasserwelt des Mittelmeers. *Sommer Di–So 10–18, Winter Sa/So 10–18, Do 14–18 Uhr | 12 Euro | Viale Italia*

FORTEZZA VECCHIA UND FORTEZZA NUOVA

Mit der fünfeckigen Ziegelsteinfestung verstärkten die Medici ab 1521 ihren Vorposten an der Küste. Gut 50 Jahre später gab Großherzog Ferdinando I. ein weiteres Bollwerk in Auftrag, die neue Festung, und ließ beide über einen Ringkanal, den Fosso Reale, miteinander verbinden. Die Fortezza Nuova *(Zugang bis 19.30 Uhr über die Scala Fortezza Nuova im Süden)* dient heute als städtische Grünanlage.

LUNGOMARE

Sobald sich die Sonne blicken lässt, bevölkert sich die 4 km lange Meerpromenade zwischen dem Strandbad Scoglio della Regina und dem kreisrunden Pinienhain Rotonda in Ardenza mit Fußgängern, Radlern, Joggern. Am Weg liegen die ☀ *Aussichtsterrasse Mascagni,* verspielte Jugendstilvillen sowie Bars und Cafés. Am Abend wird die Promenade zur Schlendermeile mit vielen Zwischenstopps, den *baracchine,* für ein *gelato* oder einen Aperitif.

INSIDER TIPP MUSEO CIVICO GIOVANNI FATTORI

Die Macchiaioli um den heimischen Künstler Giovanni Fattori waren im 19. Jh. die toskanische Antwort auf die französischen Impressionisten. In der Jugendstilvilla Mimbelli haben die Bilder der „Fle-

Was Livornos Fischer anlanden, kommt in den *cacciucco*, die hiesige Variante der Bouillabaisse

MAREMMA & COSTA DEGLI ETRUSCHI

ckenmaler" einen angemessenen Platz gefunden. *Di–So 10–13 und 16–19 Uhr | 4 Euro | Via San Jacopo in Acquaviva 63*

QUARTIERE VENEZIA NUOVA

Im alten Fischer- und Händlerviertel zwischen den Medici-Festungen, das von Kanälen durchzogen ist, pulsiert das Herz der Stadt. Hier gibt es die charakteristischsten Lokale sowie Künstlerateliers und Läden. Wie Venedig ist es auf Holzpfählen errichtet. In den zum Wasser geöffneten Gewölbegängen aus dem 17. Jh., die bis weit unter die Häuser reichen, lagerten die Reichtümer der Hafenstadt. Das lässt sich besonders gut bei einer INSIDER TIPP Bootsrundfahrt *(Giro in Battello | 10 Euro | Karten im Punto Informazioni | Via Pieroni 18)* erkennen.

ESSEN & TRINKEN

ANTICA TORTERIA DA GAGARIN

In dem Imbiss hinter der Markthalle gibt es die beste *cecina,* den typischen Pfannkuchen aus Kichererbsenmehl. *Mo–Sa 8 –14 und 15–20 Uhr | Via Cardinale 24 | €*

IL SOTTOMARINO

Wirt Fulvio Beni serviert in seinem urigen Lokal Spezialitäten der Region. *Mo/ Di geschl. | Via Terrazzini 48 | Tel. 05 86 88 70 25 | €€*

TRATTORIA UNDICI

Livorneser sind der Meinung, hier sei ihre Spezialität, der sämige Fischeintopf *cacciucco,* einfach göttlich. *Mo geschl. | Via Bassa 8 | Tel. 05 86 88 03 04 | €€*

EINKAUFEN

GIANNI CUCCUINI

Braucht ein Livornese Garderobe für besondere Anlässe, schaut er zuerst hier in der Fußgängerzone vorbei. *Via Ricasoli 35*

MERCATINO DEL VENERDÌ

Ein Paradies für Schnäppchenjäger. *Fr 8 –13.30 Uhr | Via dei Pensieri*

MERCATO CENTRALE

An den 180 Ständen der mächtigen Jugendstil-Markthalle aus Eisen und Stein gibt es alles, was in mediterranen Küchen Verwendung findet. *Mo–Fr 5–14, Sa 5–19 Uhr | Via del Cardinale/Via Buontalenti*

FREIZEIT & SPORT

SEGELN

Im *Aquaria Natura Club (Via Magenta 12 | Tel. 33 85 01 05 13 | www.aquarianatura. it)* lernen Sie den Umgang mit Schratsegel und Spinnaker oder können einen Segelausflug samt Skipper buchen.

TAUCHSCHULE

Im *Accademia Blu Diving Center (Bagni Pancaldi | Viale Italia 62 | Tel. 05 86 26 00 70 | www.accademiablu.net)* lernen Sie theoretisch und praktisch das Tauchen.

AM ABEND

BAR CIVILI

Künstler bezahlten hier den *ponce,* die lokale Spezialität aus Kaffee und Rum, mit Gemälden, die die Wände des Lokals schmücken. *So geschl. | Via della Vigna 55*

FORTEZZA VECCHIA

Zwischen Mai und September gibt es in der alten Festung fast täglich Kulturereignisse. *Eingang Stazione Marittima*

ÜBERNACHTEN

GRAND HOTEL PALAZZO

Hier konnte sich die Belle Époque ins 21. Jh. hinüberretten. Der Komfort ist von

LIVORNO

heute. *123 Zi. | Viale Italia 195 | Tel. 05 86 26 08 36 | www.grandhotelpalazzo. it | €€€*

HOTEL AL TEATRO
Das Mittelklassehotel besticht durch seine zentrale Lage und den schönen Innenhof, wo Sie im Sommer frühstücken können. Garagenplatz möglich. *8 Zi. | Via Enrico Mayer 42 | Tel. 05 86 89 87 05 | www.hotelalteatro.it | €€*

AUSKUNFT

Piazza Municipio und *Via Pieroni 18 | Tel. 05 86 20 46 11 | www.costadeglietruschi.it*

ZIELE IN DER UMGEBUNG

BOLGHERI ⭐ (146 B1) (*Ω F12*)
Die Fahrt über die berühmte, 5 km lange Zypressenallee bis zur Stadtmauer ist eine Rhapsodie in Grün, der mittelalterliche Weiler hinter dem Torbogen, der sich um die Familienburg der Gherardesca drängt, eine Welt in Rot. Eine gute Adresse im sonst eher touristischen Dorf 52 km südlich ist die *Taverna del Pittore (Mo geschl. | Largo Nonna Lucia 4 | Tel. 05 65 76 21 84 | €€–€€€)*. Die lokalen Gerichte werden im Sommer auf der Terrasse, im Winter im Kaminzimmer serviert.

CAMPIGLIA MARITTIMA
(146 B3) (*Ω F13*)
Die meisten Besucher schlendern ziellos durch die malerischen Treppengassen des schönen Hügelstädtchens (13 000 Ew.) 75 km südlich. Beachtung verdienen der wappengeschmückte *Palazzo Pretorio* aus dem 13. Jh. und die romanische Kirche *Pieve San Giovanni*. Im mittelalterlichen Herzen der Stadt wartet die *Locanda Il Canovaccio (Via Vecchio Asilo 1 | Tel. 05 65 83 84 49 | www.locandailcanovaccio.it)* als elegantes Bed & Breakfast (3

Zi. | €€) und Spitzenrestaurant *(Sept.–Juni Di geschl. | €€–€€€)* mit schnörkellosen Speisen auf Besucher.

CASTIGLIONCELLO (140 B5) (*Ω D11*)
Man merkt dem Ort (3500 Ew.) 27 km südlich seine mondäne Seebadvergangenheit an. Im 19. Jh. baute sich der Florentiner Geldadel seine Sommervillen auf die Klippen mit Privatzugang zur Badebucht und in den Siebziger- und Achtzigerjahren des 20. Jhs. traf sich hier die römische Filmschickeria. Heute hat sich das Sommervergnügen demokratisiert, wenn auch zu überhöhten Preisen. Sehr schön ist die 〰️ Küstenpromenade bis zum Nachbarort Rosignano, sehr elegant die Ferienanlage 〰️ *Casale del Mare (7 Apartments | Strada Vicinale delle Spinate | Tel. 05 85 75 90 07 | www.casadelmare.it | €€€)* oberhalb mit Pool, Tennisplatz und unverstelltem Blick aufs Meer.

COSTA DEGLI ETRUSCHI (140 B–C 4–6, 146 A1–4) (*Ω D–E 10–14*)
Der 90 km lange Küstenstreifen zwischen Livorno und Piombino verspricht Urlaubsvergnügen mit Sand- und Kieselstränden für Sonnenhungrige und Steilküsten für Schnorchler. In den Pinienwäldern wohnt man in familienfreundlichen Ferienanlagen mit abwechslungsreichem Freizeitangebot, und im hügeligen Hinterland locken Orte, in denen sich der Geruch des Meers mit dem Geist der Antike vermischt. *www.costadeglietruschi.it*

MUSEO DELLA GEOTERMIA DI LARDERELLO (147 D1) (*Ω G12*)
Wie eine Spinne liegt das älteste geothermische Werk der Welt 85 km südöstlich inmitten eines weit verzweigten Netzes aus Metallröhren. Mit ihrer Hilfe gelangt heißer Dampf aus dem Erdinneren ins Kraftwerk und wird in Elektrizität umge-

www.marcopolo.de/toskana

MAREMMA & COSTA DEGLI ETRUSCHI

wandelt. Im Werksmuseum ist die Geschichte dieser Pioniertat nachhaltiger Energieerzeugung dokumentiert. *Mitte März–Okt. tgl. 9.30–18.30, Nov.–Mitte März Di–So 10–17 Uhr | Eintritt frei | Piazza Leopolda*

PARCO ARCHEOLOGICO DI BARATTI E POPULONIA ★ ● (146 A4) (*E14*)
Das 75 km südlich auf einem Felsvorsprung oberhalb des INSIDERTIPP Golfs von Baratti gelegene, mittelalterliche Populonia war zu Zeiten der Etrusker ein wichtiges Zentrum der Eisenverhüttung mit eigenem Hafen. Ihre Brennöfen standen unten am Meer. Als Forscher im 20. Jh. dort die dicke Schicht aus Schlacke abtrugen, kamen Nekropolen, Gräber und Werkstätten zum Vorschein. Heute ist das Gelände als *Archäologiepark (Sommer tgl. 9–20, Winter Di–Fr 9–14, Sa/So 9–17 Uhr | 15 Euro, Nov.–Feb. 9 Euro | www.parchivaldicornia.it)* zugänglich. Die weit geschwungene Bucht mit feinem, weißem Sand und glasklarem Wasser gehört zu den schönsten Stränden der Toskana. Ausladende Schirmpinien spenden Schatten, Fischerboote dümpeln im kleinen Hafen, und noch bezahlt man nur fürs Parken, nicht fürs Baden. Vorzügliche Fischgerichte serviert oben das Restaurant *Il Lucumone (Mo geschl. | Via San Giovanni di Sotto 24 | Tel. 05 65 29 47 1 | €€–€€€).*

SAN VINCENZO (146 A3) (*E13*)
Der Badeort (7000 Ew.) schwillt im Sommer auf das Zehnfache an. Er besitzt herrliche Sandstrände, gute Ferienanlagen, einen Yachthafen und ein reichhaltiges Vergnügungsangebot. Eine ehemalige Schule wurde in ein elegantes Apartmenthotel mit Pool und exzellentem Preis-Leistungs-Verhältnis verwandelt: *Residenza Santa Cecilia (15 Apartments | Via dell'Asilo 2 | Tel. 05 65 70 74 57 | www.santa-cecilia.it | €€).* Ausgezeichnete Fischgerichte werden Ihnen auf der ☼ Außenterrasse mit Blick bis nach Elba des *Ristorante La Bitta (tgl., im Winter Mo geschl. | Piazza Vittorio Veneto | Tel. 05 65 70 40 80 | €€–€€€)* serviert.

Insel Giglio: Elbas kleine Schwester

TOSKANISCHER ARCHIPEL
(*A–G 10–19*)
Die Insel Elba mit ihren malerischen Badebuchten und freundlichen Hafenstädtchen, den urigen Bergdörfern und bewaldeten Hängen bildet zusammen mit Capraia, Giannutri, Giglio, Gorgona, Montecristo sowie Pianosa den Toskanischen Archipel. Alles Wissenswerte über das beliebte Ferienziel für Badeurlauber und neuerdings auch für Wanderfreunde finden Sie im MARCO POLO Band „Elba/Toskanischer Archipel".

82 | 83

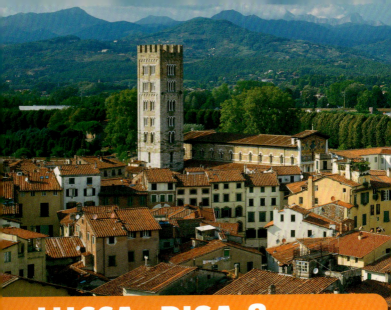

LUCCA, PISA & DIE VERSILIA

Das reizvolle Lucca mit der herrlichen Landschaft der Garfagnana im Rücken, Massa-Carrara zwischen Meer und Apuanischen Alpen und die einstige Seegroßmacht Pisa in der Schwemmlandebene der Arnomündung: Die drei Provinzen im Nordwesten bestimmten lange Zeit die Geschicke der gesamten Region. Ihren Reichtum verdankten sie dem Handel auf der mittelalterlichen Pilgerstraße Via Francigena, die das Frankenreich mit Rom verband.

LUCCA

(136 C5) (*E7*) **Die einstige Stadtrepublik am linken Serchioufer, die ihre Unabhängigkeit bis 1847 bewahren**

CITY WOHIN ZUERST?
Lassen Sie den Wagen auf dem Parkplatz Carducci an der **Porta Sant'Anna,** und beginnen Sie mit einem Spaziergang auf der baumbestandenen Stadtmauer. Im Uhrzeigersinn erreichen Sie nach gut 1500 m die Porta Santa Maria, wo Sie hinuntersteigen können. Dort befinden sich das Touristenbüro und, 150 m weiter westlich, die Basilika San Frediano. Über die Via Cavallerizza geht es weiter zur ovalen Piazza dell'Anfiteatro und zum mit Steineichen bepflanzten Aussichtsturm Torre Guinigi etwas weiter südlich.

Bild: Lucca

Weltbekannte Motive: Pisas Schiefer Turm, Luccas begehbare Stadtmauern, Marmorbrüche und die Badekultur der Belle Époque

konnte, steht für Behaglichkeit und Lebensqualität: Ziegelsteinrote Paläste und mit weißem Marmor verbrämte Kirchen erfreuen das Auge, eine verkehrsberuhigte Altstadt mit schmalen Gassen und ruhigen Plätzen schonen das Ohr, wunderbare Restaurants und Delikatessengeschäfte beglücken den Gaumen, elegante Modetempel bedienen das ästhetische Empfinden.

Die mittelalterliche Stadt (85 000 Ew.), die sich in ein Renaissancejuwel umzugestalten wusste, hat eine lange Tradition als Handelsplatz für feines Tuch. Heute lebt sie von der Papierherstellung, Qualitätslebensmitteln und vom Tourismus.

SEHENSWERTES

LE MURA
4 km lang, 12 m hoch, durchbrochen von sechs Toren, dient die begehbare Stadtmauer, 1544–1645 zum letzten Mal vergrößert, heute als Grünanlage. Mütter führen dort ihre Kinder spazieren, Radfahrer absolvieren ihr Fitnesstraining, und

LUCCA

Besucher genießen die Blicke auf ziegelrote Dächer und verborgene Gärten.

MUSEO NAZIONALE PALAZZO MANSI
Der Stadtpalast aus dem 16. Jh. punktet mit Prunk und Pracht einer Luccheser Patrizierfamilie. Die Galerie für regionale

SAN MARTINO
Größter Schatz des Doms mit reich verzierter romanischer Fassade aus dem 12. Jh. ist der *Volto Santo,* das sogenannte „Antlitz Jesu", im achteckigen Tempelchen. Das hölzerne Kruzifix wird als Reliquie verehrt und im September in einer

Ganz in Marmor gemeißelt: Sarkophag der Ilaria del Carretto in Luccas Dom

Kunst wird da fast zum schmückenden Beiwerk. *Di–Sa 8.30–19.30 Uhr | 4 Euro | Via Galli Tassi 43*

PIAZZA DELL'ANFITEATRO ★
Beim Bau der Wohnhäuser an dem ovalen Platz folgte man dem Grundriss des römischen Amphitheaters, das einmal hier gestanden hat. An den Cafétischen können Sie die Atmosphäre auf sich wirken lassen.

SAN FREDIANO
Die 1147 geweihte Kirche an der Stadtmauer bezaubert im Innern mit einem Marmoraltar (1422) von Jacopo della Quercia und einem reliefgeschmückten romanischen Taufbecken. Das Fassadenmosaik stellt Christi Himmelfahrt dar. *Mo–Sa 8.30–12 und 15–17, So 10.30–17 Uhr | Piazza San Frediano*

Prozession durch die Stadt getragen. Von hohem künstlerischem Rang ist der *Marmorsarkophag* der Ilaria del Carretto, eine bestechend schöne Arbeit aus dem Jahr 1408 von Jacopo della Quercia. *Tgl. 7–19, Winter bis 17 Uhr | Piazza San Martino*

SAN MICHELE IN FORO
Die Bürger errichteten das Gotteshaus am ehemaligen Römerforum im 12. Jh. in Konkurrenz zum Dom. Lange Zeit blieb es ihr Versammlungsort. Die Anlage mit fünfstöckiger Marmorfassade aus Blendarkaden, auf der der Erzengel Michael thront, gilt als einer der prächtigsten romanischen Bauten der Toskana, auch aufgrund der reichen Innenausstattung, u. a. von Andrea della Robbia und Filippino Lippi. *Tgl. 7.40–12 und 15–18 Uhr | Piazza San Michele*

www.marcopolo.de/toskana

LUCCA, PISA & DIE VERSILIA

INSIDER TIPP **VILLA CONTRONI-PFANNER**

Die Villa von 1667 lockt mit einem Garten voller Götterstatuen, Wasserspiele und lauschiger Winkel. *April–Okt. tgl. 10–18 Uhr | 5,50 Euro | Via degli Asili 33*

ESSEN & TRINKEN

ANTICA LOCANDA DELL'ANGELO

Die Küche gehört zu den besten der Stadt. Die Ravioli mit Entenfleischfüllung sind ein Gedicht! *So-Abend und Mo geschl. | Via Pescheria 21 | Tel. 05 83 46 77 11 | €€–€€€*

TRATTORIA DA LEO

Beliebtes Lokal für die Mittagspause mit guter Hausmannskost zu annehmbaren Preisen. *Tgl. | Via Tegrimi 1 | Tel. 05 83 49 22 36 | €*

ANTICO CAFFÈ DI SIMO

Tagsüber gibt es im Art-déco-Ambiente Kaffee und Kuchen, am Wochenende abends auch Pianobarmusik. *Mo geschl. | Via Fillungo 58*

EINKAUFEN

ANTICA BOTTEGA DI PROSPERO

Fundgrube für lokale Spezialitäten: Olivenöl, Kastanienmehl, Dinkel, Bazzone, ein würziger Schinken aus der Garfagnana. *Via Santa Lucia 13*

MERCATO DELL'ANTIQUARIATO

Ein Beweis für seine Qualität: Den Antiquitätenmarkt rund um den Domplatz, immer am dritten Wochenende im Monat, gibts schon seit mehr als 40 Jahren.

INSIDER TIPP **TAPPEZZERIA ANGELO SQUALETTI**

Handgewebte Rohseide und Brokatstoffe haben die Stadt reich gemacht. Eine Ahnung von der ehemaligen Pracht bekommen Sie in diesem Stoffgeschäft. *Via San Paolino 89*

FREIZEIT & SPORT

RADFAHREN

Auf dem Fahrrad wird die Entdeckung der verkehrsberuhigten Altstadt zum Vergnügen. Verleih: *Cicli Bizzarri (Piazza Santa Maria 32 | Tel. 05 83 49 60 31 | www.cicli bizzarri.net | ab 2,50 Euro/Std. bzw. 12,50 Euro/Tag)*. Das hügelige Umland erkunden Sie am besten mit Mountainbike und 😊 Ökoguide. Infos: *www.eco-guide.it*

AM ABEND

VINARKIA

Besonders stimmungsvoll genießen Sie die schmackhaften Kleinigkeiten (*spunti-*

⭐ **Campo dei Miracoli in Pisa**
Das „Wunderfeld" rund um den Schiefen Turm → S. 96

⭐ **Piazza dell'Anfiteatro in Lucca**
Der ovale Platz, bekanntestes Fotomotiv der Stadt, ist unverwechselbar→ S. 86

⭐ **Pietrasanta**
Seit Ewigkeiten ein Mekka für Bildhauer → S. 94

⭐ **Pontremoli**
Elegantes Städtchen an den grünen Hängen des Apennins → S. 95

⭐ **Passeggiata in Viareggio**
Art-déco-Monument aus der Anfangszeit der Badekultur → S. 95

MARCO POLO HIGHLIGHTS

LUCCA

ni) in dieser Weinbar im winzigen Garten. *Mo geschl. | Via Fillungo 188*

ÜBERNACHTEN

ALBERGO CELIDE
Freundliches Hotel direkt an der Stadtmauer mit individuell gestalteten Zimmern, eigenem Fischrestaurant und großzügiger Außenterrasse. Für Gäste stehen kostenlos Fahrräder zur Verfügung. *58 Zi. | Viale G. Giusti 25 | Tel. 05 83 95 41 06 | www.albergocelide.it | €€*

SAN LUCA PALACE HOTEL
Ein behutsam renoviertes Hotel in historischem Ambiente, innerhalb der Stadtmauern gelegen und mit eigener Garage. *25 Zi. | Via San Paolino 103 | Tel. 05 83 31 74 46 | www.sanlucapalace.com | €€–€€€*

AUSKUNFT

Piazza Santa Maria 35 | Tel. 05 83 91 99 31 | www.luccaturismo.it

ZIELE IN DER UMGEBUNG

BAGNI DI LUCCA (137 D3) (*M F6*)
Kaum vorstellbar, doch der etwas angestaubte Ort (6600 Ew.) 30 km nördlich war im 19. Jh. der mondänste Wasserkurort Europas. Hier gab es das erste Spielkasino Europas (heute Touristenauskunft, *Via Umberto 197*) und elegante Hotels, die von den heilenden Kräften des heißen Wassers profitierten. Mittlerweile sind einige der Belle-Époque-Villen und Kurbäder wieder hergerichtet, darunter die *Terme Bagni di Lucca (tgl. 7–12.30, im Sommer auch 14.30–18 Uhr | Piazza San Martino 11 | www.termebagnidilucca.it)*. Ein üppiges Mahl zu moderaten Preisen bekommen Sie im INSIDER TIPP *Circolo dei Forestieri (Mo geschl. | Piazza Jean Verraud 10 | Tel. 0 58 38 60 38 | €)*.

BARGA (136 C2) (*M E5*)
Der atemraubende Blick auf die Apuanischen Alpen vom *Piazzale Arringo* sowie der herrliche *Dom San Cristofano* aus dem 12. Jh., in dem Alabasterschei-

Das Strand- und Nachtleben von Camaiore spielt sich unten am Meer im Ortsteil Lido ab

LUCCA, PISA & DIE VERSILIA

ben das Licht auf eine 1000-jährige Christophorusfigur und eine von Löwen getragene Marmorkanzel filtern, lohnen den Weg in das Bergstädtchen (10 000 Ew.) 35 km nördlich. Beim Bummel durch die Treppengassen erstaunen die schönen Renaissancebauten, die aus einer Zeit stammen, als sich hier alles um die Seidenproduktion drehte.

CAMAIORE (136 B4) (*D6*)

Das gibt es hier häufig: Der neuere Ortsteil liegt unten am Meer und trägt den Zusatz Marina oder Lido; dort dreht sich alles um den Sommertourismus. Ein freundlicher Familienbetrieb ist hier das *Hotel dei Tigli (30 Zi. | Via Roma 222 | Tel. 05 84 61 96 16 | www.hotelideitigli.it | €€).* Die Altstadt (32 000 Ew.) hingegen, 1255 auf dem Reißbrett entstanden, weil Lucca einen Vorposten oberhalb der Via Aurelia brauchte, liegt 25 km nordwestlich von Lucca oben am Hang. Dort ist es ruhig und beschaulich; abends kommen strandmüde Gäste hinauf, schlendern durch die Gassen, trinken einen Aperitif, suchen bei Kunsthandwerkern nach Souvenirs oder kehren in einem der Lokale ein, z. B. in der *Locanda Le Monache (Mi geschl. | Piazza XXIX Maggio 36 | Tel. 05 84 98 92 58 | €€€).*

Auf dem Weg zum romanischen Kirchlein *Santo Stefano* aus dem 9. Jh. in Pieve di Camaiore liegt der **INSIDER TIPP** wunderschöne Weiler *Peralta (4 Zi., 7 Apartments | Via Pieve 321 | Tel. 05 84 95 12 30 | www.peraltatuscany.com | €€)* der von einer mexikanischen Künstlerin zur individuellen Ferienunterkunft umgestaltet wurde.

GARFAGNANA

(136 B–C 1–2) (*D–E 4–5*)

Die weich geschwungenen Kuppen des Apennins im Osten, das zerklüftete Massiv der Apuanischen Alpen im Westen, zwischendrin unberührte Täler, Kastani-

enwälder, malerische Orte: Das Tal des Flusses Serchio im Norden von Lucca ist außergewöhnlich schön. Am besten erkunden Sie es auf die sanfte Tour, z. B. auf dem 110 km langen, anspruchsvollen Wanderrundweg oder auf ausgeschilderten Reitwegen *(ippovie).*

Wegweiser bei Entdeckungstouren ist der Serchio, von dem rechts und links Gebirgstäler abgehen, in denen verfallene Kastelle, romanische Kirchlein und einsame Klöster von einer großen Vergangenheit zeugen. Nicht auslassen dürfen Sie einen Abstecher nach *Borgo a Mozzano* mit der buckligen „Teufelsbrücke" *Ponte del Diavolo.* Um die abgelegene **INSIDER TIPP** *Einsiedelei Calomini (unregelmäßige Öffnungszeiten | Tel. 05 83 76 70 20)* zu besuchen, die wie ein Balkon an der Felswand hängt, fahren Sie auf der linken Flussseite bis Gallicano, wo die kurvige Zufahrtsstraße SP 39 beginnt. Am Ende der SP 39 finden Sie auch die Tropfsteinhöhle *Grotta del Vento (April–Nov. tgl., Dez.–März Mo–Sa 10–18 Uhr, Einlass zur vollen Stunde | 9/14/20 Euro je nach Rundgang | www.grottadelvento.com).*

Von Gallicano aus sind Sie rasch in *Castelnuovo di Garfagnana.* Über dem Hauptort thront eine Bilderbuchburg, die *Rocca Ariostesca,* mit Renaissanceelementen. Am Donnerstagmorgen findet in der Altstadt ein betriebsamer Kleider- und Gemüsemarkt statt, wichtige Waren- und Gerüchtebörse der Talbewohner.

Die Garfagnana steht auch für Gourmettourismus: Am Wegesrand liegen einladende Lokale mit regionalen Spezialitäten wie **INSIDER TIPP** Produkte aus Kastanienmehl, etwa die *Osteria Vecchio Mulino (Mo geschl. | Via Vittorio Emanuele 12 | Tel. 0 58 36 21 92 | www.vecchiomulino.com | €€)* in Castelnuovo di Garfagnana, und Ferienbauernhöfe, die eigene Erzeugnisse anbieten, z. B. der *Agriturismo Il Ristoro del Cavaliere (4 Apartments | Via*

MASSA

Piana | Ortsteil Cortia | Tel. 05 83 60 58 98 | €€) mit Pool und Restaurant bei Piazza al Serchio.
Auskunft: *Castelnuovo di Garfagnana | Piazza delle Erbe 1 | Tel. 0 58 36 51 69 | www.turismo.garfagnana.eu*

Stadt ein beliebter Gaytreffpunkt *(www.friendlyversilia.it).*

VILLE LUCCHESI (136 C4–5) *(ന E–F7)*
Ebenso schön wie Lucca sind die prachtvollen Landsitze der Patrizierfamilien in

Marmorne Löwen bewachen den Palazzo Cybo-Malaspina an Massas Piazza Aranci

LAGO DI MASSACIUCCOLI
(136 B5) *(ന D7)*
Der flache See mit breitem Schilfgürtel erinnert daran, dass der Küstenstreifen hier noch vor einem Jahrhundert Lagune war. Das Feuchtbiotop, in dem Zugvögel brüten, gehört zum *Parco San Rossore* und kann über Pfade oder auf auf Pfählen konstruierten Stegen erkundet werden. Am Ufer liegt *Torre del Lago* (11 000 Ew.), wo der Komponist Giacomo Puccini lebte. Sein Wohnhaus ist heute *Museum (Sommer Di–So 10–12.40 und 15–18.20, Winter 10–12.40 und 14.30–17.10 Uhr | 7 Euro | Belvedere Puccini).* Seine Werke werden beim jährlichen *Puccini-Festival (www.puccinifestival.it)* von Mitte Juli bis Ende August auf einer eindrucksvollen Seebühne aufgeführt. Im Sommer ist die

den umliegenden Hügeln. Zwei der zahlreichen Beispiele: Die *Villa Torrigiani (Mitte März–Okt. Mo–Fr 10–13 und 15–18, Sa/So 10–18 Uhr | 10 Euro | Via del Gomberaio 3 | www.villelucchesi.net)* in *Camigliano* 10 km östlich bezaubert mit einem Landschaftsgarten voller Grotten, Wasserspiele und Statuen, die *Villa Reale (März–Okt. Di–So 10–13 und 14–18 Uhr | 7 Euro | Viale Europa | www.parcovillareale.it)* in *Marlia* 10 km nördlich mit einem Freilichttheater aus Buchsbaum im barocken Garten.

MASSA

(135 D5) *(ന C5–6)* **Vor der Haustür das Meer und lange Sandstrände, im Hinter-**

LUCCA, PISA & DIE VERSILIA

land ein zerklüftetes Karstgebirge mit tief eingeschnittenen Tälern, riesigen Wäldern und dem größten Marmorabbaugebiet der Welt: Die Provinz Massa-Carrara im äußersten Nordwesten der Toskana liegt in traumhafter Kulisse.

Der Hauptort Massa (67 000 Ew.) lässt sich auf die Kurzformel Meer, Marmor, Malaspina bringen. Unten im Küstenvorort Marina regiert der Tourismus, in der weiter oben gelegenen Altstadt das Handwerk, viel mit Marmor, während die Geschichte eng mit dem Namen der Herrscherfamilie Malaspina verknüpft ist. 350 Jahre bestimmte sie die Geschicke der Stadt.

SEHENSWERTES

INSIDER TIPP CASTELLO MALASPINA ✻

Um 800 diente die Festung an höchster Stelle, die Sie über eine Treppengasse erreichen, den Stadtherren als uneinnehmbarer Rückzugsort. Der Blick auf Stadt, Küste und Gebirge raubt einem den Atem. Zum hochherrschaftlichen Schloss wurde die Burg durch die Malaspina, die hier seit 1442 residierten und einen zauberhaften Renaissancepalast (15. Jh.) errichteten (heute Museum). *Juni–Sept. tgl. 10.30–13 und 15.30–24, Okt.–Mai So 14.30–18.30 Uhr | 5 Euro | Via del Forte 15*

PALAZZO CYBO-MALASPINA

Im 16. Jh. ließen die Fürsten einen Teil der mittelalterlichen Altstadt abreißen und gerade Straßenzüge anlegen. Dabei entstand ihre neue Residenz am Hauptplatz. Die Orangenbäume an der Piazza sind Napoleons Schwester Elisa Baciocchi zu verdanken, die im 19. Jh. toskanische Großherzogin war. *Piazza degli Aranci*

SANTI PIETRO E FRANCESCO

Die Kathedrale schmückt außen eine schöne Marmorfassade mit zwei Loggien übereinander; innen prächtiger Barock und die Fürstengräber der Malaspina. *Tgl. 9–19 Uhr | Via Dante*

ESSEN & TRINKEN

BLUE INN

Ein freundliches Fischrestaurant in Marina di Massa, etwas für den besonderen Abend. *Mo geschl. | Via Fortino di San Francesco 9 | Tel. 05 85 24 00 60 | €€–€€€*

OSTERIA DEL BORGO

In rustikalem Ambiente werden hier schmackhafte lokale Gerichte wie *stordellate* (eine Art Lasagne), Ravioli oder Stockfisch mit Tomaten und Oliven serviert. *Di geschl. | Via Beatrice 17 | Tel. 05 85 81 06 80 | €€*

EINKAUFEN

LABORATORIO CERAMICA

In seinem Werkstattladen unterhalb des Kastells verbindet Keramikmeister Claudio Bonugli Tradition mit Kunstfertigkeit. *Via Luigi Staffetti 33*

FREIZEIT & SPORT

SAN CARLO TERME

4 km oberhalb finden Sie in der Wassertherme außer Trinkkuren ein wohltuendes Anti-Stress-Programm. *Mai–Okt. | Via dei Colli | Tel. 0 58 34 77 03*

AM ABEND

VESPUCCI 20

Das ideale Lokal für einen hippen Abend in Marina di Massa: erst Abendessen (€€) auf der ✻ Terrasse mit Meerblick, dann Livemusik, Tango oder Pianobar. *Sommer tgl., sonst Do–So | Lungomare di Levante 28*

MASSA

ÜBERNACHTEN

HOTEL GABRINI
Familiär geführtes Dreisternehotel an der Küste in Marina di Massa. Großer Garten, 45 freundliche Zimmer, Garage. *Via Luigi Sturzo 19 | Tel. 05 85 24 05 05 | www.hotelgabrini.it | €€*

AUSKUNFT

Marina di Massa | Lungomare Vespucci 24 | Tel. 05 85 24 00 63 | www.apt.massacarrara.it

ZIELE IN DER UMGEBUNG

APUANISCHE ALPEN
(135 D–F 4–6) (*Ⓜ C–D 5 — 6*)
Bis auf 2000 m erhebt sich der Gebirgszug aus dem Tyrrhenischen Meer. An der Küstenseite blühen im Winter Zitronenbäume, während in den inneren Tälern noch bis Mai Schnee liegt. Zum Ausgleich tummeln sich dort selten gewordene Mufflons in den Wäldern und nisten Steinadler in den Felswänden. Das Para-

LOW BUDGET

▶ *Incaba (Di–Sa 9.30–12.30 und 15.30–19.30, Mo 15.30–19.30 Uhr | Via Provinciale 241)* heißt ein Kinderartikelgroßmarkt am Stadtrand von Camaiore. Die Preise liegen 20 bis 40 Prozent unter den deutschen.

▶ *Alta Moda* für Herren gibt es im *Outlet D'Avenza (Mo–Fr 10–13 und 14.30–18.30, Sa 9–12.30 Uhr | Via Aurelia 22)* in Avenza an der Autobahnausfahrt Carrara um die Hälfte billiger als im Fachgeschäft.

dies für Wanderer, Bergsteiger und Höhlenforscher sollte nicht unterschätzt werden. Festes Schuhwerk ist Pflicht! Damit der landschaftszerstörende Marmorabbau nicht ungebremst weitergeht, wurde ein Großteil des Gebiets als Parco Regionale delle Alpi Apuane *(www.parcapuane.it)* unter Schutz gestellt. Informationen bekommen Sie im *Centro Visite (Via San Simon Musico 8 | Tel. 0 58 57 99 41)* in Massa und in Castelnuovo di Garfagnana *(Piazza delle Erbe 1 | Tel. 05 83 75 73 25).*

CARRARA (135 D5) (*Ⓜ C5*)
Der Name der Stadt (65 000 Ew.) ist weltweit ein Inbegriff für schneeweißen Marmor, der in Werkstätten zu Kunst *(Carlo Nicoli | nur nach Anmeldung | Piazza XXVII Aprile 8 | Tel. 0 58 57 00 79 | www.nicolisculpture.com)* oder Souvenirs *(Alberto Danesi | Via Colonnata)* verarbeitet wird. Die hübsche, verkehrsberuhigte Altstadt hingegen ist eher unbekannt. Dabei gibt es viel zu entdecken: den romanischen *Dom* samt Glockenturm ganz aus Marmor, den *Neptunbrunnen* von Baccio Bandinelli daneben und natürlich ein *Marmormuseum (Mo–Sa 9–12.30 und 14.30 –17, im Sommer 9.30–13 und 15.30–18 Uhr | 4,50 Euro | Viale XX Settembre 85).* Kaffee und Kuchen gibt es in der *Drogheria Pasticceria Caflisch (Via Roma 2),* regionale Gerichte in der *Osteria Merope (Mo geschl. | Via Giuseppe Ulivi 2 | Tel. 05 85 77 69 61 | www.osteriamerope.it | €€)* und lukullische Mitbringsel in der urtümlichen *Antica Drogheria Riacci (Corso Carlo Rosselli 1).* Direkt nebenan können Sie im besten Hotel am Ort übernachten, dem *Hotel Michelangelo (28 Zi. | Corso Carlo Rosselli 3 | Tel. 05 85 77 71 61 | www.michelangelocarrara.it | €€–€€€).*

FORTE DEI MARMI (135 D6) (*Ⓜ C6*)
Am Anfang war der Bootssteg zum Verschiffen der Marmorblöcke, 100 m lang.

www.marcopolo.de/toskana

LUCCA, PISA & DIE VERSILIA

Später kamen Festung, Fischerhäuschen und – ab 1900 – Ferienvillen hinzu, wo die feine Gesellschaft Urlaub machte. Bis heute ist der 10 km südlich gelegene Ort

INSIDER TIPP ▶ LUNIGIANA
(134 B–C 2–4) (ΜΩ A–B 3–5)
Endlose Wälder, verfallene Burgen, uralte Weiler, die ganzjährig mit Kultur auf-

Blühende Gärten, mondäne Villen und exklusive Strandbäder: Das ist Forte dei Marmi

(7800 Ew.) Ziel von Elitetourismus, mit mondän-diskretem Ambiente, traumhaften Villen und sündhaft teuren Strandbädern. Dazu passt das *Hotel Byron (26 Zi. | Viale A. Morin 46 | Tel. 05 84 78 70 52 | www.hotelbyron.net | €€€)* aus zwei umgebauten Jugendstilvillen mit allem, was anspruchsvolle Kunden zufriedenstellt.

INSIDER TIPP ▶ GROTTA ANTRO DEL CORCHIA ● *(135 E5) (ΜΩ D6)*
Mit 1500 Grotten, Höhlen und Schächten gleichen die Apuanischen Alpen einem durchlöcherten Käse. Touristisch erschlossen sind drei, darunter diese riesige Höhle mit einem Gewirr aus Tunneln in Levigliani di Stazzema an der Straße von Seravezza nach Castelnuovo di Garfagnana. Angeboten werden zweistündige Führungen. *Wechselnde Öffnungszeiten | 12 Euro | Via IV Novembre 70 | www.antrocorchia.it*

warten, alles gepaart mit Gastfreundschaft und exzellenter Küche: Kaum verständlich, dass dieses wohltuend grüne Flusstal im äußersten Nordwesten der Toskana vielen unbekannt ist. Im Mittelalter war das anders. Heerscharen von Pilgern, Kaufleuten und Soldaten zogen hier durch, argwöhnisch beäugt aus über 100 Burgen. Gut erhalten sind wenige, darunter die *Malaspinaburg (Führungen Mi–Mo 11, 12, 15.30, 16.30, 17.30, 18.30 Uhr | 6 Euro | Via Papiriana 2 | www.castellodifosdinovo.it)* in *Fosdinovo*. Bemerkenswert sind die vielen Kirchen am Wegesrand, darunter die *Pieve di Sorano* an der SS 62 bei Filattiera. Viel über Land und Leute erfahren Sie im Auswanderermuseum *Museo dell'Emigrazione della Gente di Toscana (Sommer Di–So 9.30–12.30 und 16.30–19.30, Winter Sa/So 9–12 und 14–17 Uhr | Eintritt frei | www.museogenteditoscana.it)* im Castello di

MASSA

Lusuolo. Idealer Ausgangspunkt für Streifzüge ist der entzückende Ferienbauernhof mit Pool *Podere Conti (9 Zi., 4 Apartments | Via Dobbiana Macerie 3 | Tel. 34 82 68 18 30 | www.podereconti.com | €€)* bei Filattiera. Mehr Tipps finden Sie auf der Website *www.terredilunigiana.com*.

In Marmorwannen reift der würzige *lardo di Colonnata*

MARMORBRÜCHE IN COLONNATA UND FANTISCRITTI
(135 D5) (*C5*)

Seit Jahrtausenden bricht der Mensch oberhalb von Carrara den weißen „Stein des Lichts" aus den Bergen. Umweltpolitisch ein Desaster, und doch kann man sich der Faszination der Steinbrüche, der *cave,* die mancherorts Felsburgen gleichen, nicht entziehen. In Fantiscritti bei Miseglia oberhalb von Carrara organisiert *Marmotour (Mo–Fr 11–17, Mai–Aug. bis 18.30, Sa/So 11–18.30 Uhr | 7 Euro | Piazzale Fantiscritti 84 | www.marmotour.com)* Führungen in die imposante Unterwelt. Jacke nicht vergessen! Dort erwartet Sie auch ein *Freilichtmuseum (April–Okt. tgl. 9.30–18.30 Uhr | Eintritt frei | www.cavamuseo.com),* wo Marmorarten und historische Abbau- und Transportmethoden veranschaulicht werden.

Wenige Kilometer weiter in Colonnata gibt es den gerühmten butterweichen Speck *Lardo di Colonnato,* z. B. von *Marino Giannarelli (Via Comunale di Colonnata 2),* der, gewürzt und in Salzlake eingelegt, monatelang in Marmorwannen reift. Das beste Restaurant am Ort ist die *Locandapuana (So-Abend und Mo geschl. | Via Comunale 1 | Tel. 05 85 76 80 17 | www.locandaapuana.com | €–€€)*.

PIETRASANTA ★ (135 E6) (*C6*)

Die charmante Festungsstadt (25 000 Ew.) 12 km südöstlich ist das Mekka für Bildhauer und Steinmetzen. Eine Marmorwerkstatt reiht sich an die nächste, wo man – nach Voranmeldung – schnuppern kann, z. B. im *Studio Pescarella (Tel. 05 84 79 05 76 | www.studiopescarella.com).* Auch die Altstadt ist aus Marmor: Bordsteinkanten, Ruhebänke und der *Dom San Martino.* Sein ziegelroter Glockenturm bildet dazu einen schönen Kontrast. Man erreicht ihn über die Via Garibaldi, vorbei am Hotel *Albergo Pietrasanta (Via Garibaldi 35 | Tel. 05 84 79 37 26 | www.albergopietrasanta.com | €€€),* am Delikatessenladen *Antichi Sapori (Via Garibaldi 60)* und am kleinen, sehr feinen *Ristorante Zenzero (Mo geschl. |Via Garibaldi 66 | Tel. 38 99 14 68 30 | €€)* mit vorzüglicher Fischküche.

Der Badeort *Marina di Pietrasanta* lockt mit breitem Sandstrand und intensivem Nachtleben. Trendtreff ist bei Sonnenuntergang der Steg, am Wochenende der *Discoclub Ostras (Viale Roma 123 | www.ostrasbeach.com),* tagsüber ein Strandbad mit Beachbar. Dafür, dass die Kultur nicht zu kurz kommt, sorgt das Sommerfestival *La Versiliana (www.laversilianafestival.it)*.

www.marcopolo.de/toskana

LUCCA, PISA & DIE VERSILIA

Im Hinterland erlangte *Sant'Anna di Stazzema* traurige Berühmtheit: 1944 metzelten SS-Schergen hier 560 Zivilisten nieder. Ein **INSIDER TIPP** *Museum (Di–So 15–19 Uhr | www.santannadistazzema. org)* erinnert daran.

PONTREMOLI ⭐ (134 B2) (*A3*)

Hektik ist in der eleganten Kleinstadt (7800 Ew.) 60 km nördlich unbekannt. Die alten Cafés, etwa das *Caffè degli Svizzeri (Mo geschl. | Piazza della Repubblica 21)*, bäuerlichen Trattorien und schmalen Laubengänge: Alles ist fast wie früher. Es dominiert das Castello del Piagnaro mit dem **INSIDER TIPP** *Museo delle Statue Stele Lunigianesi (Sommer Di–So 9–12.30 und 15–18, Winter 9–12 und 14–17.30 Uhr | 4 Euro)* für prähistorische Stelen. Seine beste Zeit hatte das Städtchen als Rastetappe an der Via Francigena. Heute ist die unberührte Natur der Umgebung ihr Reichtum, und Heilkräuter, Pilze, Honig und Käse sind ihre Schätze. In der *Antica Trattoria Pelliccia (Di geschl. | Via Garibaldi 137 | Tel. 01 87 83 05 77 | €€)* weiß man sie zuzubereiten. Perfekte Erholung in der Abgeschiedenheit garantiert der *Agriturismo Costa d'Orsola (14 Zi. | Ortsteil Orsola | Tel. 01 87 83 33 32 | www.costadorsola.it | €€)*.

VERSILIA
(135 D6, 136 A4–5) (*C6–7*)

Endlose Strände aus feinem Sand und mit flacher Uferzone sowie schattige Pinienwälder, die sich am Meer entlangziehen: Der Küstenstreifen zwischen Viareggio und Forte dei Marmi ist die Wiege italienischen Badekultur, die hier ab der Mitte des 19. Jhs. entstand. Anfangs kamen italienische Großbürger und wohlhabende Globetrotter. Heute steht die Versilia für mondän-modernen Badeurlaub schlechthin, mit allen Vor- und Nachteilen. In der Hauptsaison im Juli und August reiht sich ein Strandbad ans nächste, Sonnenschirme und Liegestühle stehen eng an eng, und die Straße am Strand ist eine einzige Spaßmeile. Auch das Sportangebot bedient sämtliche Vorlieben, Hotels und Ferienwohnungen gibt es für jeden Geldbeutel und jeden Geschmack, und noch am Abend haben Sie die Qual der Wahl zwischen Pubs, Diskotheken, Shopping und Freilufttheater. In der übrigen Zeit bekommen Sie eine Ahnung davon, wie bezaubernd dieser Flecken einmal war. Auskunft in Viareggio: *Viale Carducci 10 | Tel. 05 84 96 22 33 | www.aptversilia.it*

VIAREGGIO (136 A5) (*C–D7*)

Anstatt mit Kulturgütern schmückt sich das älteste Seebad Italiens (64 000 Ew.) 25 km südöstlich mit einem 3 km langen Wohnzimmer, der schnurgeraden ⭐ *Passeggiata* zwischen der Mole im Süden und dem traditionsreichen Komforthotel Principe di Piemonte. Dazwischen liegen bunte Badekabinen, schöne Hotels, darunter das familiäre und freundliche *Tirrenia (15 Zi. | Via San Martino 23 | Tel. 0 58 44 96 41 | www.tirreniahotel.it | €€)*, sowie prachtvolle Jugendstilpavillons mit Cafés (einzigartig das *Gran Caffè Margherita*), Restaurants und eleganten Modeboutiquen. Unprätentiös gibt sich das Restaurant *Romano (Mo geschl. | Via Giuseppe Mazzini 122 | Tel. 0 58 43 13 82 | €€€)*, eins der besten Fischrestaurants. Im Touristenhafen *La Madonnina* organisieren Meeresbiologen ● **INSIDER TIPP** Segeltörns zur Wal- und Delphinbeobachtung *(Sommer tgl., Winter Sa/So 9.30–17 Uhr | 70 Euro inkl. Lunch | Anmeldung obligatorisch unter Tel. 33 56 56 44 69 oder cetus@supereva.it)*. Wer im Winter hier ist, sollte sich Viareggios berühmten Karnevalsumzug mit satirischen Pappmachéwagen *(www.viareggio.ilcarnevale. com)* nicht entgehen lassen.

PISA

CITY WOHIN ZUERST?

Zum „Wunderfeld", dem **Campo dei Miracoli,** natürlich! Ihr Auto muss draußen vor den Toren bleiben, z. B. auf dem Parkplatz in Via San Cammeo 5 am Westtor. Das kostet Sie zwar 2 Euro pro Stunde, spart aber Zeit. Von der Piazza dei Miracoli gelangen Sie über Via Santa Maria und Via dei Mille zur zentralen Piazza dei Cavalieri. Weiter geht es über die Via Ulisse Dini zur Einkaufsstraße Borgo Stretto mit den Bogengängen, die am Ponte di Mezzo endet. Schräg rechts liegt am anderen Arnoufer die niedliche Kirche Santa Maria della Spina.

PISA

KARTE AUF SEITE 98

(140 B2) (*ID D8*) Millionen Urlauber bewundern jedes Jahr ihr Wahrzeichen und ignorieren den Rest der Stadt (88 000 Ew.) nahe der Arnomündung. Dabei gibt es in der heiteren Studentenstadt viel zu entdecken: prächtige Monumente, beschauliche Gärten, einladende Plätze, arkadengeschmückte Straßen, elegante Läden. Der Schlüssel zum Verständnis von Pisas Pracht liegt im Mittelalter: Damals beherrschte die Flotte der damaligen Seerepublik das Mittelmeer und konnte nahezu ungehindert ihren Reichtum mehren.

SEHENSWERTES

CAMPO DEI MIRACOLI ★

Das „Feld der Wunder" mit den vier Monumenten aus strahlend weißem Carraramarmor – Dom, Taufkapelle, Glocken-

turm und monumentaler Friedhof – liegt am Westtor der mittelalterlichen Stadtmauern. Keine glückliche Ortswahl: Bereits während der Bauarbeiten wurde deutlich, dass sich das Schwemmland nicht als Baugrund eignete. Steinerner Beweis ist der 56 m hohe, schiefe *Glockenturm (April–Sept. tgl. 8.30–20, Okt. und März 9–17.30, Nov. und Feb. 9.30–17.30, Dez./Jan. 10–16.30 Uhr | keine Kinder unter 8 Jahren | 15 Euro | Vorverkauf (17 Euro) unter www.opapisa.it wegen beschränkter Besucherzahl ratsam)* mit 294 Stufen und den zahllosen Säulen der Fassade. Kurz nach Baubeginn 1173 gab der Boden nach. Man versuchte, die Neigung durch Krümmung auszugleichen – vergeblich. Inzwischen ist es gelungen, weiteres Einsinken zu stoppen.

Der 1118 geweihte *Dom (April–Sept. tgl. 10–20, Okt. und März 10–18, Nov.–Feb. 10–12.45 und 14–17 Uhr | 2 Euro, Nov.– Feb. frei)* in Form eines lateinischen Kreuzes ist das Meisterwerk pisanisch-romanischer Architektur. Spektakulär die Fassade mit vier Galerien feingliedriger Marmorsäulen, die Bronzetüren vorne und hinten mit Szenen aus dem Neuen Testament sowie die ovale Kuppel. Sie ist im Inneren mit byzantinischen Mosaiken geschmückt. Bemerkenswert sind auch die zweifarbigen Spitzbögen, die beidseitig das Langhaus durchziehen, die gotische Kanzel von Giovanni Pisano (1301–1311) mit szenischen Reliefs, das Grabmal des deutschen Kaisers Heinrich VII. sowie der Bronzeleuchter, mit dessen Hilfe Galileo Galilei dem Geheimnis der Pendelbewegung auf die Spur gekommen sein soll.

Die Fassade des *Baptisteriums (April–Sept. tgl. 8–20, Okt. und März 9–18, Nov.–Feb. 10–17 Uhr | 5 Euro)* von 1152 gegenüber hat dieselben Blendarkaden und Säulengalerien wie der Dom. Im prächtigen Inneren bestechen das Taufbecken

www.marcopolo.de/toskana

LUCCA, PISA & DIE VERSILIA

(1246), der Altar mit Einlegearbeiten und die sechseckige Kanzel von Nicola Pisano als erstes Beispiel gotischer Bildhauerei in Italien.

Vervollständigt wird das Marmorensemble auf rasengrünem Grund vom *Camposanto (April–Sept. tgl. 8–20, Okt. und März 9–18, Nov.–Feb. 10–17 Uhr | 5 Euro)*, dem monumentalen Friedhof innerhalb rechteckiger Mauern. Die spätantiken Sarkophage waren anfangs rings um den Dom aufgestellt und wurden als Gräber benutzt. Die Wandfresken wurden im Zweiten Weltkrieg beschädigt. Erhalten blieb der restaurierte Freskenzyklus von Buonamico Buffalmacco aus dem 14. Jh. mit den Episoden Triumph des Todes, Jüngstes Gericht und Leben der Eremiten. Wer mehrere der Monumente besichtigen will, sollte eine der verbilligten Sammelkarten erwerben *(www.opapisa.it)*.

MURALE DI PISA

Hier beweist die Stadt, dass sie nicht in ihrer Geschichte gefangen ist: 1989 gab sie Keith Haring den Auftrag, die Mauer des Convento Sant'Antonio beim Bahnhof mit seinen typischen Strichzeichnungen zu schmücken. *Piazza Vittorio Emanuele II*

MUSEO NAZIONALE SAN MATTEO

Das ehemalige Benediktinerkloster am Arnoufer beherbergt mehr als 200 Tafelbilder der Pisaner Schule, gemalte Holzkreuze und einen Flügelaltar (1321) von Simone Martini. *Di–Sa 8.30–19, So 8.30–13 Uhr | 5 Euro | Piazza San Matteo in Soarta 1*

ORTO BOTANICO

Ein wunderbarer Ort für eine Verschnaufpause! Der Botanische Garten, einer der weltweit ältesten, wurde 1543 angelegt, damit die medizinische Fakultät Heilpflanzen für Lehrzwecke hatte. *Mo–Sa 8.30–13 Uhr | 2,50 Euro | Via Luca Ghini 5*

PIAZZA DEI CAVALIERI

Sieben Gassen münden auf den hochherrschaftlichen Platz, der im Mittelalter

Das berühmteste Detail in Pisas Dom: die achteckige gotische Kanzel von Giovanni Pisano

PISA

das Zentrum der weltlichen Macht war. Eindrucksvoll der mit Sgraffitomalerei geschmückte *Palazzo dei Cavalieri*, 1562 radikal von Giorgio Vasari umgestaltet und heute Sitz der Eliteuni Scuola Normale Superiore. Der *Palazzo dell'Orologio* (Uhrenpalast) daneben entstand 1605 aus zwei verfallenen Türmen, darunter der „Hungerturm", wo 1288 ein hochmütiger Stadthauptmann eingekerkert gewesen und verhungert sein soll.

SANTA MARIA DELLA SPINA

Der steingewordene Reliquienschrein für einen Dorn *(spina)* der Christuskrone war 1230 auf dem Kiesbett des Arno errichtet und im 14. Jh. erweitert worden. 1871 wurde das Kirchlein umgesetzt – der Arno war ihm zu nahe gekommen. Der Bau mit seinen Statuen, Spitztürmchen und Giebel ist ein herrliches Beispiel für gotische Architektur. *Juni–Aug. tgl. 10–13 und 15–18, Sept.–Mai Di–Fr 10–14, Sa/*

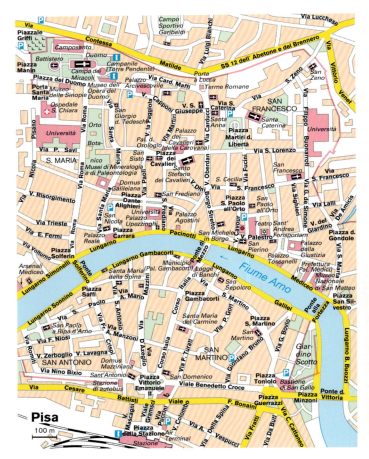

www.marcopolo.de/toskana

LUCCA, PISA & DIE VERSILIA

So 10–14 und 15–17 Uhr | Lungarno Gambacorti
0 50 58 08 58 | www.osteriacavalieri.pisa.it | €€

ESSEN & TRINKEN

CAGLIOSTRO
In alten Gemäuern und zeitgenössischer Einrichtung werden moderne Varianten traditioneller Gerichte serviert, an lauen Abenden auch draußen auf der Piazza. *Di geschl. | Via del Castelletto 26 | Tel. 0 50 57 54 13 | €€–€€€*

ANTICA TRATTORIA IL CAMPANO
Treffpunkt für Einheimische im Gassengewirr der Altstadt mit toskanischen Gerichten. *Do-Mittag und Mi geschl. | Via Cavalca 19 | Tel. 0 50 58 05 85 | www.ilcampano.com | €–€€*

OSTERIA DEI CAVALIERI
Herzliche Atmosphäre und wohlschmeckende Gerichte auf halbem Weg zwischen Campo dei Miracoli und Piazza dei Cavalieri und Ritterplatz. *Sa-Mittag und So geschl. | Via San Frediano 16 | Tel.*

EINKAUFEN

MERCATO DELLE VETTOVAGLIE
Der Lebensmittelmarkt auf der viereckigen Piazza mit den ockergelben Häusern ist eine Institution. *Mo–Sa vormittags | Piazza delle Vettovaglie*

PASTICCERIA SALZA
Am Borgo Stretto häufen sich die eleganten Fachgeschäfte; die süßen Versuchungen der traditionsreichen Konditorei in Nr. 46 sind ein Muss. *Mo geschl.*

FREIZEIT & SPORT

FAHRRÄDER
Zweiräder sind das klügste Fortbewegungsmittel in den Gassen oder auf der Arnouferstraße; auch Tandems und Fahrradrikschas sind im Angebot. *Ab 4 Euro/Std. | Via Uguccione della Faggiola 41 | Tel. 0 50 56 18 39 | www.ecovoyager.it*

Mediterrane Marktatmosphäre schnuppern Sie auf dem Mercato delle Vettovaglie

98 | 99

PISA

INSIDER TIPP **WALKING IN PISA**

Von März bis Oktober organisieren Stadtführer dreimal wöchentlich eine zweistündige Schnuppertour *(Treffpunkt 10.45 Uhr Piazza XX Settembre | 12 Euro)* durchs Zentrum – Mo und Sa auch auf Englisch, Do auf Deutsch.

AM ABEND

INSIDER TIPP **SUNSET-CAFÉ**

Beachbar in *Marina di Pisa* (15 km). Getränke und Fingerfood werden am Strand serviert, dazu gibt es am Wochenende Jazz oder DJ-Musik. *Sommer tgl. 18–2 Uhr | Via Litoranea 40 a (gegenüber vom Camping Internazionale) | www.sunset-cafe.it*

TEATRO SANT'ANDREA

Eine säkularisierte Kirche als Kulturraum für Theater, Konzerte und Tanz. *Via del Cuore | Tel. 0 50 54 23 64 | www.teatrosantandrea.it*

ÜBERNACHTEN

ROYAL VICTORIA

Einfaches, doch liebenswertes Mittelklassehotel in einem Stadtpalast an der Arnouferstraße. Mit Dachterrasse und Garage. *48 Zi. | Lungarno Pacinotti 12 | Tel. 0 50 94 01 11 | www.royalvictoria.it | €–€€*

VILLA DI CORLIANO

An Charme fehlt es dem Gasthaus in der etwas heruntergekommenen Barockvilla mit Park 11 km nördlich in Rigoli nicht. Zwar sind die elf Zimmer etwas simpel, doch das wird durch die freskenbemalten Gemeinschaftszimmer wieder wettgemacht. *Via Statale Abetone 50 | Tel. 0 50 81 81 93 | www.villacorliano.it | €€*

AUSKUNFT

Piazza Vittorio Emanuele II 16 | Tel. 05 04 22 91; Piazza XX Settembre | Tel. 0 50 910 93 | www.pisa.turismo.toscana.it

BÜCHER & FILME

▶ **La Vita è bella** – Der Film von 1997 erzählt die Geschichte einer jüdischen Familie aus Arezzo, die im Zweiten Weltkrieg in einem italienischen Konzentrationslager landet. Hauptdarsteller und Regisseur Roberto Begnini versucht seinen kleinen Sohn durch Phantasiegeschichten von den Grauen abzulenken

▶ **Die Nacht der schwarzen Rosen** – Als Strafverteidiger hatte der florentinische Autor Nino Filastò jahrelang mit Betrug, Mord, Drogenhandel und den nervenaufreibenden Mechanismen des italienischen Justizapparats zu tun. Wohl aus diesem Grund sind seine Avvocato-

Scalzi-Romane über die dunkle Seite der heutigen Toskana derart überzeugend

▶ **Die Außenstelle des Paradieses. Toskanische Tagträume** – Hinschauen statt angucken: Unter diesem Motto hat die Autorin dieses MARCO POLO Reiseführers die Toskana bereist und eine Region jenseits der Klischees kennengelernt

▶ **Hannibal** – Mit Anthony Hopkins als Hannibal Lecter, der in der Bibliothek des Palazzo Vecchio arbeitet, hat Regisseur Ridley Scott im Jahr 2000 die Fortsetzung vom „Schweigen der Lämmer" in Florenz in Szene gesetzt.

www.marcopolo.de/toskana

LUCCA, PISA & DIE VERSILIA

ZIELE IN DER UMGEBUNG

INSIDER TIPP BASILICA SAN PIERO A GRADO (140 A2) (*D8*)

Petrus soll an der Stelle 5 km westlich, wo die dreischiffige Basilika im 11. Jh. fertiggestellt wurde, erstmals italienischen Boden betreten haben. Die Wände des Mittelschiffs sind im Innern mit herrlichen Fresken dekoriert. Unterm Altarbaldachin (14. Jh.) sind Reste der ursprünglichen Kirche und eines römischen Bauwerks zu sehen. *Tgl. 8–19, im Sommer bis 20 Uhr | Via Vecchia di Marina 5*

CERTOSA DI PISA (140 C2) (*E8*)

10 km östlich liegt an den Hängen der Pisaner Berge bei Calci eine der größten Klosteranlagen der Toskana. Ein Teil des Kartäuserklosters aus dem 14. Jh. wird als Natur- und Heimatkundemuseum genutzt. Beachtlich ist die Abteilung für Süßwasserfische aus der ganzen Welt. *Di–Sa 8.30–18.30, So 8.30–12.30 Uhr | 4 Euro | Via Roma 79*

PARCO REGIONALE DI MIGLIARINO, SAN ROSSORE, MASSACIUCCOLI
(136 A–B 5–6, 140 A–B 1–3) (*D7–9*)

Der 230 km² große Naturschutzpark vor den Toren von Pisa ist ein Mosaik aus unterschiedlichen ökologischen Systemen, das sich die Küste zwischen Livorno und Viareggio entlangzieht. Besonders beliebt ist der Teil des ehemaligen königlichen Landguts Tenuta di San Rossore, ein Marschland mit Pinienhainen, Macchia und Feuchtgebieten im Mündungsgebiet zwischen Arno und Serchio. Sie können es auf Rundwegen zu Fuß, per Rad oder Kutsche erkunden. Ausgangspunkt ist das Gästehaus *La Sterpaia,* wo Sie Infomaterial und Parkprodukte bekommen. Den ausgeschilderten *Parkeingang (Sommer tgl. 8–19, Winter 8–17.30 Uhr | Eintritt frei)* am Ende des Viale delle Cascine erreichen Sie über die Via Aurelia Nord (SS 1). Der Großteil des Parkgebiets ist nur mit kostenpflichtiger Führung zugänglich. Information und Reservierung im Besucherzentrum *Centro Visite San Rossore (Cascine Vecchie | Tel. 0 50 53 01 01 | www.parcosanrossore.org).*

In Pontedera finden Fans ein Museum nur für den schnittigen Kultroller

PONTEDERA (141 D2) (*F8*)

Die Vespa, der legendäre Motorroller aus dem 25 km östlich gelegenen Pontedera, ist Synonym für italienische Lebensart. Im Werksmuseum ● *Museo Piaggio (Di–Sa 10–18 Uhr | Eintritt frei | Viale R. Piaggio 7 | www.museopiaggio.it)* wird sein Siegeszug mit Originalmodellen dokumentiert. 15 km weiter südöstlich finden Sie im *Borgo di Colleoli Resort (65 Apartments und 12 Zi. | Via San Bartolomeo 6 | Tel. 05 87 62 25 24 | www.borgocolleoli.com | €€)* in einem liebevoll renovierten Weiler eine intakte Toskana.

AUSFLÜGE & TOUREN

Die Touren sind im Reiseatlas, in der Faltkarte und auf dem hinteren Umschlag grün markiert

1 AUF DEN SPUREN VON PIERO DELLA FRANCESCA

Die Malerei war seine Berufung, die Mathematik seine Leidenschaft: Der Toskaner Piero della Francesca (1420–1492) legte großen Wert auf den streng geometrischen Aufbau seiner Bilder sowie die naturalistische Gestaltung von Figur, Landschaft und Licht. Das revolutionierte die Kunst. Einige seiner Hauptwerke befinden sich in Arezzo, in seiner Heimatstadt Sansepolcro und im Geburtsort seiner Mutter, Monterchi. Für diesen Ausflug auf seinen Spuren sollten Sie sich einen Tag Zeit nehmen, auch wenn er nur knapp 90 km lang ist. Sie starten in Arezzo. Lassen Sie den Wagen auf dem Parkplatz an der Piazza del Popolo, und gehen Sie von dort über die Via Andrea Cisalpino zum **Dom → S. 54.** Im linken Seitenschiff schaut neben der Tür zur Sakristei seine elegante und anmutige Maria Magdalena auf Sie hinunter. Am Weg zurück liegt auf halber Strecke die **Basilica San Francesco → S. 55.** Dort schuf der Künstler eines der schönsten Wandgemälde der europäischen Kunstgeschichte, den zehnteiligen Freskenzyklus „Legende vom Heiligen Kreuz". Fast zehn Jahre arbeitete er an der 300 m² großen Bildergeschichte und verlegte dabei das Geschehen im Heiligen Land in seine Zeit und seine toskanische Heimat: Arezzo wurde zu Jerusalem, die toskanische Landschaft zu biblischen Gefilden und die Königin von Saba zur Edeldame der Renaissance.

Bild: Weinberg bei Greve im Chianti

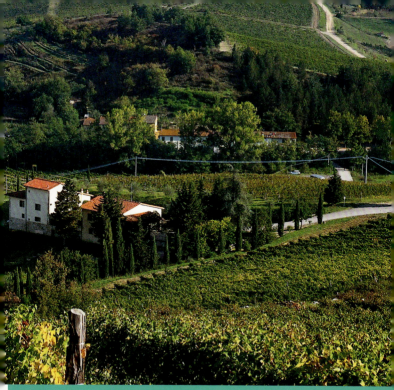

Toskana kreuz und quer: mit dem Auto zu Piero della Francesca, auf zwei Rädern im Chianti und zu Fuß in den Apuanischen Alpen

Nächste Station ist das Dorf **Monterchi** mit dem Gemälde der **Madonna del Parto.** Nehmen Sie am Ortsausgang von Arezzo die SS 73 in Richtung Sansepolcro. Kurz nachdem das vierspurige Teilstück zu Ende ist, geht in Le Ville rechts eine Straße zum 3 km entfernten Städtchen ab. Unterhalb des mittelalterlichen Ortskerns auf einer Anhöhe weist Ihnen ein braunes Schild rechts den Weg zum **Museum** *(tgl. 9–13 und 14–19, Winter bis 17 Uhr | 3,50 Euro | Via Reglia 1)* an der Stadtmauer. Es wurde extra für das Bild mit der von zwei schützenden Engeln flankierten Madonna gebaut, die dem toskanischen Bauernalltag abgeschaut zu sein scheint. Ursprünglich befand es sich in der Friedhofskapelle am Ortsrand, und Frauen beteten davor um Nachwuchs. Zum ersten Mal überhaupt war die Muttergottes als Schwangere gemalt worden. „Unmoralisch!", giftete die Kirche. Sie wollte Maria als jungfräuliche Himmelskönigin dargestellt sehen und nicht als irdisches Wesen mit gewölbtem Bauch. Man nimmt an, dass dies der

Grund ist, warum der wohl genialste Maler der Frührenaissance bis ins 20. Jh. regelrecht totgeschwiegen wurde. Von den rückwärtigen Fenstern des Museums schauen Sie genau auf jene Landschaft, deren Zypressenreihen, Weiler und Flussläufe immer wieder als Hintergrund beim Maler auftauchen. Falls Sie zur Mittagszeit in Monterchi eintreffen, können Sie die Wartezeit bis zur Nachmittagsöffnung bei guter toskanischer Hausmannskost in der *Vecchia Osteria (Di geschl. | Via dell'Ospedale 16 | Tel. 0 57 57 01 21 | €–€€)* links oberhalb des Museums überbrücken.

Letzte Station ist **Sansepolcro → S. 59,** die 11 km entfernte Geburtsstadt des Malers. Unten an der Straße geht es am nördlichen Ortsausgang von Monterchi rechts. Folgen Sie dem Straßenverlauf, biegen Sie an der SS 73 erneut nach rechts ab, und achten Sie im Ort, hinter der Schnellstraßenbrücke, auf das Schild „Centro". Am baumbestandenen Viale Armando Diaz gibt es kostenlose Parkmöglichkeiten. Gehen Sie vor der Stadtmauer nach links bis zur Via Aggiunti und biegen dann nach rechts. In Hausnummer 65 befindet sich das Stadtmuseum **Museo Civico** *(Sommer tgl. 9.30–13.30 und 14.30–19, Winter 9.30–13 und 14.30–18 Uhr | 6 Euro)* mit vier Bildern des Künstlers: die sogenannte Schutzmantelmadonna sowie drei Wandbilder, darunter das schönste Renaissancebild überhaupt, wie der Schriftsteller Aldous Huxley meinte: die „Auferstehung Jesu". Auf dem Fresko entsteigt der vom Tod gezeichnete Gottessohn, unbemerkt von den Wächtern, seinem Grab. Der diagonale Bildaufbau gibt im Hintergrund der Landschaft Tiefe, im Vordergrund erhalten die Figuren durch den klugen Einsatz von Licht Plastizität.

Neben dem Museum geht es in den mittelalterlichen Ortskern. Linker Hand erreichen Sie über die Via della Fonte das **Wohnhaus des Malers.** Nach einem verheerenden Brand sind vom ursprünglichen Gebäude nur noch Treppe und Brunnen im Eingangsbereich erhalten. Wenn noch Zeit ist, lassen Sie sich durch den hübschen Ortskern treiben, und genießen Sie die beschwingte Gemächlichkeit dieser Kleinstadt mit vielen Läden und netten Bars. Für den Rückweg nach Arezzo rechnen Sie eine Stunde.

② WANDERUNG IN DEN MARMORBERGEN ☺

Der Name Carrara steht weltweit für den begehrten weißen Stein. Kaum ein Land, wo nicht wenigstens ein Monument oder eine Hotelhalle aus dem blendend weißen Gestein steht, das seit der Zeit der Römer in den Apuanischen Alpen abgebaut wird. Auch Künstler wie Michelangelo versorgten sich im Nordwesten der Toskana mit Material für ihre Skulpturen. Was jedoch nur wenige wissen: das lediglich 100 km² große, zerklüftete Karstgebirge, das sich fast 2000 m hoch erhebt, ist auch ein Wanderparadies. Ein Tagesausflug von Carrara zum Monte Sagro genügt, um die Landschaft mit imposanten Gipfeln, tief eingeschnittenen Tälern und endlosen Wäldern mit anderen Augen zu sehen. Sie brauchen gutes Schuhwerk, Sonnen- und Regenschutz, Tagesproviant, Wasserflasche und etwas Bergerfahrung. Das Schlussstück ist recht steil!

Wenn Sie nicht in der Nähe Urlaub machen, reisen Sie am Vortag nach **Carrara → S. 92.** Eine nette, einfache Unterkunft in der autofreien Altstadt ist das Bed & Breakfast *Antica Carrara (5 Zi. | Via dell'Arancio 17 | Tel. 0 58 57 42 75 | €).* Von dort sind Sie in 15 Minuten am Busbahnhof, wo morgens um 8 Uhr der blaue Überlandbus der Linie 39 in Richtung

www.marcopolo.de/toskana

AUSFLÜGE & TOUREN

Die Marmorbrüche bei Colonnata dienten schon Michelangelo als Arsenal

Campo Cecina startet *(www.catspa.it)*. Nach einer knappen Stunde hält der Bus beim **Rifugio Carrara** auf 1320 m, dem Ausgangspunkt der Wanderung. In der ganzjährig geöffneten Berghütte des Italienischen Alpenvereins bekommen Sie *panini* und Pasta. Wenn es bei der Rückkehr spät sein sollte, können Sie hier auch in einfachen Vierbettzimmern übernachten – Leinenschlafsack Voraussetzung.

Die einfache, oft gegangene Wanderung zum Gipfel des Monte Sagro dauert ungefähr vier Stunden; dabei werden 500 Höhenmeter überwunden. Zunächst bringt Sie der markierte Wanderweg 173 über eine Almwiese, vorbei an Überbleibseln alter Schäferbehausungen, in einen schattigen Buchenwald. Auf der Nordseite des Monte Borla kommen Sie auf ein **Geröllfeld**. Hier genießen Sie ein Postkartenpanorama mit der Berglandschaft der Lunigiana im Norden, die von der Felskathedrale des Pizzo d'Uccello beherrscht wird.

In der Senke zwischen Monte Borla und Monte Sagro tauchen erste Steinbrüche auf. Wenn Sie die Höhe halten, erreichen Sie südwärts den Pass **Foce di Pianza** (1289 m). Dank der Marmorstraße, auf der Lastwagen die schweren Blöcke ins Tal transportieren, kann man auch mit dem Auto herfahren. Das machen all die Urlauber gerne, die nach der Gipfelbesteigung noch Zeit für ein Bad unten im Meer haben möchten. Hier oben liegen Ihnen der Golf von La Spezia und das größte Marmorabbaugebiet der Welt zu Füßen. Allein im Hinterland von Carrara sind 85 Steinbrüche in Betrieb, 185 sind es in den gesamten Apuanischen Alpen. Einige wirken aus der Ferne wie trutzige Felsburgen, andere wie kubistisch zerklüftete Arenen. Früher wurden die Steine mit Drahtseilen aus dem Berg geschnitten. Sand und Wasser waren dafür nötig, was die vielen rostigen Tanks erklärt, die überall herumstehen.

Vom Pass Foce di Pianza geht es auf dem Wanderweg 172 weiter, zuerst über einen breiten Grat und anschließend links in den Hang. Dort sind Schützengräben zu erkennen, Reste der sogenannten Gotenlinie, mit der die deutschen Truppen im Zweiten

104 | 105

Weltkrieg ihren Rückzug deckten. Eine halbe Stunde später erreichen Sie den Pass Foce della Faggiola (1464 m). Von dort schauen Sie aufs Marmordorf Colonnata. Heute assoziiert man den Namen vor allem mit dem exquisiten Speck, der hier in marmornen Behältern heranreift. Früher holte sich Michelangelo dort den Marmor.

Die letzte Etappe zum Gipfelkreuz des Monte Sagro auf 1750 m ist blau markiert. Anfangs führt der Weg über eine baumlose Hangwiese, hinter der Nordwestkante wird es steiler. Als Belohnung schauen Sie von der ☼ Aussichtskanzel im Westen aufs Meer und im Osten in eine endlose Wellenlandschaft aus Fels und Wald, in der sich hier und da ein Bergdorf an einen Gipfel klammert. Der Ort direkt unterhalb ist Vinca, wo 1944 deutsche SS-Soldaten bei einem Rachefeldzug wüteten.

Zurück geht es auf demselben Weg bis zum Pianzapass. Statt hier rechts durch den Buchenwald zur Berghütte zurückzulaufen, können Sie ca. 2 km auf der breiten Marmorstraße wandern. Dann biegt rechts ein schmaler Waldweg ab, der zum Rifugio Carrara zurückbringt. Von seiner ☼ Aussichtsterrasse sieht man bei gutem Wetter bis nach Korsika.

③ AUF ZWEI RÄDERN ÜBER NEBENSTRÄSSCHEN DURCHS CHIANTI

Strade bianche („weiße", also nicht asphaltierte Straßen) gehören zur Toskana wie Kunst, Zypressen und Rotwein. Die staubigen Schotterwege bildeten jahrhundertelang oft die einzige Verbindung zu abgelegenen Dörfern, Schlössern und Weingütern. Sie führten meist über Hügelkämme und waren von Zypressen flankiert, damit man sie von Weitem erkennen konnte.

Noch vor 20 Jahren kam man von Florenz 500 km weit, ohne Asphalt zu berühren. Auch wenn das heute nicht mehr möglich ist: Strade bianche gibt es immer noch viele. Auf ihnen können Sie bis zur Seele der Toskana vordringen, den aus der Zeit gefallenen Hügellandschaften. Und sie zwingen zur Langsamkeit, denn nur so lassen sich Ausgewogenheit und Harmonie dieser vom Menschen geprägten Landschaft wirklich erfassen. Sie können sie problemlos mit jedem Wagentyp befahren (prüfen Sie bei Leihwagen aber die Mietbedingungen!). Schöner und sinnvoller ist eine Tour jedoch mit der Vespa oder dem Mountainbike. Dabei spüren Sie Eindrücke wie das Spiel des Lichts auf den Hügeln oder die würzigen Aromen der Natur viel intensiver. Wie auch immer Sie reisen, nehmen Sie einen Picknickkorb mit, und denken Sie an Wasser, Sonnenschutz und eine Straßenkarte im Maßstab 1:25 000.

Ein Highlight für Landschaftsgenießer ist diese rund 20 km lange Strecke von Panzano zum Weingut Castello di Volpaia und nach Radda im Chianti. Links und rechts begleitet Sie das perfekte Toskanamosaik aus gerade gezogenen Weinrebenlinien, silbrig schimmernden Olivenbauminseln, majestätischen Zypressenalleen, mittelalterlichen Gehöften und Steineichenwäldchen. Machen Sie in Panzano als Erstes einen Schlenker zum Kirchlein Pieve San Leolino am Ortsrand. Von der Strada Chiantigiana (SS 222) biegen Sie ca. 1 km hinter dem Ort links ab. Der romanische Bau mit malerischem Kreuzgang war schon im Mittelalter Zwischenstopp für Pilger und Gläubige. Kurz davor stoßen Sie auf ein typisch toskanisches Traumhotel, eine aristokratische Villa mitten in einem Park, die noble Behaglichkeit verspricht: Villa Le Barone (29 Zi. | Via San Leolino 19 | Tel. 055 85 26 21 | www.villalebarone.com | €€€).

AUSFLÜGE & TOUREN

Bleiben Sie dann auf der schmalen Straße in Richtung Norden, bis Sie an eine Kreuzung kommen, wo es links nach Panzano geht. Dort nehmen Sie die Straße rechts nach Montemaggio, die nach wenigen Metern zum Schotterweg wird. Nun können Sie sich nicht mehr vertun. Folgen Sie einfach den weißen Hinweisschildern zum Castello di Volpaia. Anfangs ist der Weg von Zypressen gesäumt. Dann wird die Landschaft wilder, das Unterholz üppiger, mächtige Steineichen und riesige Steinblöcke begrenzen den Weg. Abwechselnd rechts und links öffnen sich Blicke auf die gestaffelte Hügellandschaft, die sich beidseitig bis zum Horizont hinzieht. Kastanienbäume wechseln sich ab mit Fichten und Buchen, und im Frühsommer leuchtet gelb der Ginster.

Auf halber Strecke liegt links ein schattiger Rastplatz unter hohen Bäumen, wo Sie Zeit haben, in die Natur zu lauschen. Wenn die Zypressen wieder häufiger werden, sind Sie fast am Ziel. Hinter einer engen Kurve taucht unerwartet das hinreißende Dachensemble vom Castello di

Castello di Volpaia: ein in vielerlei Hinsicht lohnendes Ziel auf einer Tour durchs Chianti

Volpaia (Tel. 05 77 73 80 66 | www.volpaia.com | €€€) auf, einem befestigten Weingut aus dem 11. Jh. Die Besitzer haben das nahezu komplett erhaltene mittelalterliche Burgdorf, die Häuser, Kirchen und Wehrtürme, sorgfältig restauriert und zum Leben erweckt. Auf dem winzigen Dorfplatz bekommen Sie in einem ehemaligen Kirchlein schmackhafte *panini*, in den beiden Restaurants toskanische Gerichte und in der *enoteca* Wein und Olivenöl vom Gut. Wenn Sie den Zauber der alten Mauern länger genießen möchten, finden Sie auch fünf Ferienwohnungen mit Swimmingpool, Kochschule und gepflegtem Rosengarten. Eine asphaltierte Straße führt vom Dorfplatz weiter nach Radda in Chianti → S. 65 und damit zurück in die Gegenwart.

SPORT & AKTIVITÄTEN

In der Toskana treiben viele mit Hingabe Sport. Vom umfangreichen Freizeitangebot profitieren auch die Urlauber, ist Aktivurlaub doch die ideale Ergänzung zu Pasta, Wein und Kultur.

GOLF

Engländer haben das Spiel importiert und 1889 bei Florenz den ersten Platz angelegt. Seitdem hat sich die Anzahl der zertifizierten Plätze zwischen Küste und Apennin auf 16 erhöht. Voraussetzung ist Handicap 36. Viele der schön gestalteten Plätze sind ganzjährig geöffnet, vor allem die vom milden Klima bevorzugten in Küstennähe. Eine höchst informative Website, leider nur in italienischer Sprache, ist *www.toscanagolf.it*.

KREATIVURLAUB

Die von Kultur und Natur gesegnete Landschaft gilt seit jeher als geeigneter Ort, um verborgene Talente ans Licht zu holen, oder als idealer Ruheraum, um zu sich selbst zu finden. Handelte es sich anfangs meist um privat organisierte Workshops auf abgelegenen Bauernhöfen, bieten heute auch renommierte Akademien und kleinere Reiseveranstalter in mit allem Komfort ausgestatteten Landsitzen Kreativkurse für Menschen, die ein Bedürfnis nach Spiritualität verspüren oder Stress abbauen wollen. Das Angebot reicht von der Schreibwerkstatt und dem Bildhauerkurs übers Malern, Töpfern, Musizieren bis zum Tangounterricht, zum Fastenwandern oder meditativen

Bild: Maremma nahe der Mündung des Ombrone

Sportiv im Fahrrad- oder Pferdesattel oder entspannt in den Spas und Bädern der Kurorte: Die Toskana macht mobil

Sternegucken. Selbst 🌱 Schnupperkurse in ökologischer Landwirtschaft *(www.wwoof.de)* sind möglich. Dauerbrenner ist dabei der Italienischunterricht für Anfänger und Fortgeschrittene, heute gerne kombiniert mit Mode- oder Weinworkshops, Atelierbesuchen und Kochkursen.

RADFAHREN

Radfahren ist ein Lieblingssport in der Region. Am Wochenende sind Pulks von Radlern unterwegs, die ihre Beinmuskeln trainieren. Aber die Bedingungen in der oft hügeligen, manchmal bergigen Toskana mit kurvenreichen Landstraßen und schmalen Schotterwegen sind eben auch ideal für sportlich ambitionierte Radfahrer. Das Gleiche gilt für Mountainbiker, die man in der Regel auf den Hochebenen der Apuanischen Alpen, des Apennins oder am Monte Amiata antrifft, nicht immer zur Freude der Naturschützer. Viele Gemeinden haben sich auf die wachsende Nachfrage eingestellt und bieten auf ihren Websites themenbezogene Bikerpakete an. Besonders aktiv sind die Provinz Siena und das Mugello. Unter *www.terresiena.it* und *www.mugellotoscana.it* finden Sie Angaben, wo Sie Räder mieten können und bikerfreundliche Unterkünfte finden. Ein Kuriosum ist das historische Radrennen *Eroica (www.eroica-ciclismo.it)* im Herbst im Chianti. Mitmachen kann – solange es noch freie Plätze gibt – jeder, vorausgesetzt, er benutzt ein mindestens 20 Jahre altes Fahrrad und auch seine Kleidung ist von gestern.

Doch auch in der Garfagnana, im Casentino oder im Orciatal, also überall dort, wo es viel unberührte Natur gibt, garantieren *ippovie* – ausgewiesene Pferderouten – Reitern landschaftliche, kulturelle und gastronomische Erlebnisse. Vielerorts bieten Ferienbauernhöfe mehrtägige Wanderritte an. Sie stellen die Pferde und organisieren Verpflegung sowie Unterkünfte. Für hohe Standards bürgt das Markenzeichen Turismo Equestre, erkennbar an der weißen Windrose auf rotem Grund mit grünem Pferdekopf. Die gängigsten Routen samt Adressen finden Sie unter *www.turismo.intoscana.it* („Ippovie" oder „Turismo Equestre" in die Suchmaske eingeben).

Die stellenweise schroffen Apuanischen Alpen tragen ihren Namen durchaus zu Recht

REITEN

Erprobtes Reiterparadies in der Region ist die Maremma, wo seit jeher eine entsprechende Infrastruktur existiert, denn die Rinderherden im Naturpark der Maremma werden vom Pferderücken aus zusammengehalten. Gute Reiter können die toskanischen Cowboys, die *butteri*, nach Voranmeldung begleiten *(Azienda Agricola Alberese | www.alberese.com)*.

„TOSCANA UNDERGROUND"

Höhlenforscher wissen es längst: Die Toskana ist von innen genauso schön und abwechslungsreich wie von außen. Im Apennin und den Apuanischen Alpen existiert ein 270 km langes Netz aus rund

SPORT & AKTIVITÄTEN

1500 unterirdischen Gängen, Grotten und Tropfsteinhöhlen; viele können besichtigt werden. Daneben gibt es eine große Anzahl stillgelegter Minen, in denen bis in die 1970er-Jahre Pyrit, Quecksilber oder Eisenerz abgebaut wurde. Einige wurden zu Bergbaumuseen umgebaut. Und schließlich lassen sich viele Kommunen sozusagen in den Bauch schauen: Sie haben ihr **INSIDER TIPP** mittelalterliches Bewässerungssystem zur Besichtigung freigegeben, wie etwa in Siena *I Bottini*. Diese Angebote zur Erkundung der unterirdischen Toskana wurden in der Broschüre „Toscana Underground" zusammengefasst. Geben Sie auf *www. turismo.intoscana.it* unter dem Menüpunkt Document Center das Suchwort „Toscana Underground" ein. Sie können sie dort, leider nur auf Italienisch, doch mit nützlichen Adressen, herunterladen.

WANDERN

Die Toskana ist Italiens waldreichste Region und steht auch im europäischen Vergleich weit vorne. Da ist es nicht verwunderlich, dass sie von einem dichten Netz von thematischen Wanderwegen überzogen ist, meist gut gepflegt und vorbildlich gekennzeichnet. Ideale Wanderzeit ist von Mitte April bis Mitte Juni und dann wieder im September, Oktober. An Wochenenden teilen Sie sich die Wege mit den Italienern, die mittlerweile genauso gerne wandern wie ihre nördlichen Nachbarn. Während der Woche kann es allerdings passieren, dass Sie allein auf weiter Flur sind. An vielen Strecken bieten Ferienbauernhöfe und Bed-&-Breakfast-Pensionen nachhaltige Übernachtungsmöglichkeiten. In fast jedem lokalen Pro-Loco-Auskunftsbüro erhalten Sie gratis detailliertes Kartenmaterial, und auf der Website *www.turismo.intoscana.it* finden Sie unter dem Suchwort

„Trekking" Informationen. Darüber hinaus wird von Mitte April bis November ein *Walking Festival (www.tuscanywalkingfestival.it)* mit vielen Veranstaltungen in der ganzen Region organisiert.

WASSERSPORT

Wassersportlern bietet sich an der Küste ein Meer voller Möglichkeiten. Bootsbesitzer können in zahlreichen größeren und kleineren Häfen sowie in natürlichen Buchten vor Anker gehen. Taucher finden vor allem vor der Felsküste des Monte Argentario, vor dem Vorgebirge von Piombino oder an der Küste von Vada südlich von Livorno gute Bedingungen. Ansprechpartner sind die Tauchzentren von Porto Santo Stefano, Piombino und Livorno. Natürlich steht an der Küste des Tyrrhenischen Meers der Wind auch günstig für Surfer und Segler. Sie können z. B. einen Segelausflug samt Skipper zur Walstraße im Inselarchipel vor der Küste buchen, wo sich auch Delphine tummeln. Infos: *www.costadeglietruschi.it,* Stichwort: *sport e svaghi,* dann *vela e windsurf.*

WELLNESS & THERMEN

Gesundes Wasser, um Körper und Seele zu pflegen, lockte bereits die Römer in die Toskana. Im 18. Jh. wurden aus Heilquellen elegante Bäder wie Montecatini Terme oder Bagni di Lucca. Unter dem aktuellen Begriff Spa hat sich daraus in den vergangenen Jahren eine regelrechte Wellnessindustrie entwickelt, vom einfachen Luft- und Badekurort Equi Terme in den Apuanischen Alpen über die heißen Thermalquellen von San Casciano dei Bagni an der Grenze zum Latium bis zur privaten Beauty-Spa-Villa Ferraia bei Siena. Einen guten Überblick bekommen Sie unter *www.turismo.intoscana.it,* Suchwort „Terme".

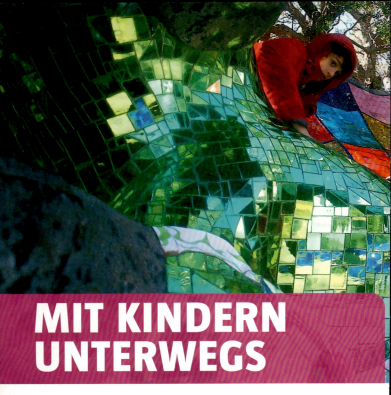

MIT KINDERN UNTERWEGS

Der schönste Urlaub für Kinder: Strandurlaub. Die Toskana mit ihren langen Sandstränden und den schattigen Pinienhainen ist da genau richtig. Darüber hinaus weht an vielen Orten die blaue Flagge für sauberes Wasser. Und im Landesinneren liegt auf fast jedem Hügel ein mittelalterlicher Ort, der gut die Vorlage von Tintenherz und Twilight-Saga sein könnte. Die Ferienbauernhöfe bilden dazu das Tüpfelchen auf dem i.

FLORENZ & DER NORDEN

MUSEO CON PERSONAGGI IN MOVIMENTO IN SCARPERIA
(139 D3) (*K6*)
Kesselflicker, Korbflechter, Käsemacher sind nur drei von 70 beweglichen Holzfiguren, die vor einer typisch toskanischen Dorfkulisse veranschaulichen, wie Arbeit und Alltag in der ersten Hälfte des 20. Jhs. im Mugello ausgesehen haben. Ihr Schöpfer ist Falerio Lepri, der *sonntags (Sommer 15.30–18.30, Winter 15–18 Uhr)* und nach Anmeldung für einen freiwilligen Obolus seine kleinen Kunstwerke vorführt. *Ortsteil Sant'Agata | Via Montaccianico | Tel. 05 58 40 67 50*

MUSEO STIBBERT IN FLORENZ ●
(138 C5) (*J–K7*)
Eine Wunderkammer! Der spleenige Engländer Frederick Stibbert stopfte im 19. Jh. seine Villa mit Mitbringseln aus aller Welt voll. Die Märchenburg liegt in einem wunderschönen Park und ist mit der Buslinie 4 vom Bahnhof gut zu erreichen.

Bild: Giardino dei Tarocchi

Viel Platz für Spiel und Spaß: Auch die Kids kommen in der Toskana nicht zu kurz

Museum Mo–Mi 10–14, Fr–So 10–18 Uhr, Rundgang in Begleitung jede volle Stunde, Park tgl. 8–19, Winter bis 17 Uhr | Museum 6 Euro, bis 12 Jahre 4 Euro, Park frei | Via Federigo Stibbert 26 | www.museostibbert.it

PARCO DI PINOCCHIO IN COLLODI
(137 D4) (*F7*)

Wisperpfad und Märchenwolke, Glockenspiel und venezianisches Lagunenkarussell: Der Vergnügungspark im Heimatort des Pinocchio-Erfinders Carlo Lorenzini ist voller Überraschungen. Im wundersamen Barockgarten der *Villa Garzoni (Piazza della Vittoria 1)* nebenan wartet ein Schmetterlingshaus. März–Okt. tgl. 8.30, Nov.–Feb. 9 Uhr–Sonnenuntergang | Kombiticket 20 Euro, Kinder (3–14 Jahre) 16 Euro | Via San Gennaro 3 | www.pinocchio.it

PARCO IL GIGANTE IN VAGLIA
(136 C4) (*J6–7*)

Auf sieben unterschiedlichen Parcours können Sie in dem Abenteuerpark klettern, skaten und durch Bäume schwingen. Drei Stunden Vergnügen sind garantiert, jede Extrastunde darüber hinaus wird mit 5 Euro berechnet. Helm und Klettergeschirr sind im Preis inbegriffen. *Juni–Sept. tgl., Okt./Nov. und März–Mai Sa/So 9.30–19 Uhr | 18 Euro, Kinder (8–12 Jahre) 14 Euro, unter 8 Jahren 10 Euro | Via Fiorentina 276 | www.alberovivo.it*

AREZZO, SIENA & CHIANTI

BAMBIMUS – MUSEO D'ARTE PER BAMBINI IN SIENA (143 D6) (*ᗡ K11*)

Im Kindermuseum in Siena werden Wechselausstellungen kindgerecht präsentiert und Workshops veranstaltet. Daneben gibt es eine permanente Ausstellung mit internationalen Kinderzeichnungen. *Tgl. 10.30–18.30 Uhr | 6 Euro, Kinder bis 11 Jahre frei | Complesso Museale Santa Maria della Scala | Piazza del Duomo 2 | www.comune.siena.it/bambimus*

PARCO PREISTORICO IN PECCIOLI (141 E3) (*ᗡ F9*)

Zwischen Pontedera und Volterra lockt diese Anlage mit 20 lebensgroßen Dinosauriern und anderen prähistorischen Tieren. Spielplatz und Picknickwiese. *Tgl. 9–19, Winter 9–18 Uhr | 4 Euro, Kinder unter 3 Jahren frei | Via dei Cappuccini | www.parcopreistorico.it*

MAREMMA & COSTA DEGLI ETRUSCHI

IL GIARDINO DEI TAROCCHI (151 E4) (*ᗡ L18*)

Die hausgroßen, kunterbunten Objekte sind nicht nur zum Staunen da. Kinder dürfen auch hineinschlüpfen oder sie besteigen. *April–Mitte Okt. tgl. 14.30–19.30, Nov.–März 1. Sa im Monat 9–13 Uhr | 10,50 Euro, Nov.–März gratis, Kinder (6–18 Jahre) 6 Euro, unter 6 Jahren frei | www.nikidesaintphalle.com*

PARCO ACQUA VILLAGE IN CECINA MARE (140 C6) (*ᗡ E11*)

Riesenrutschen, Massagelagune, Wellenbecken, Beachvolleyball, Baby Club: Hier ist Ferienspaß garantiert. 60 km südlich in Follonica, Ortsteil Mezzaluna, gibt es einen Ableger zu ähnlichen Bedingungen. *Mitte Juni–Mitte Sept. tgl. 10–18 Uhr | 20 Euro, nach 15 Uhr 14 Euro, So 22 Euro, Kinder (3–11 Jahre) 15 Euro, nach 15 Uhr 10 Euro | Via Tevere 25 | www.acquavillage.it*

PARCO CAVALLINO MATTO IN MARINA DI CASTAGNETO ⊙ (146 A2) (*ᗡ E12*)

Ein nachhaltiger Vergnügungspark: Neben Minieisenbahn, Minigolf und Hüpfburgen für die Kleinen und Achterbahn, Wildwasserroute und Quadrennpiste für die Größeren gibt es auch einen Natur- und Umweltlehrpfad. *April–Mitte Mai und Mitte Sept.–Okt. Sa/So, Mitte Mai –Mitte Sept. tgl. 10–18 Uhr | 20 Euro, Kinder unter 10 Jahren 16 Euro, unter 90 cm frei | Via Po 1 | www.cavallinomatto.it*

PARCO CIELO VERDE IN MARINA DI GROSSETO (150 A1) (*ᗡ H16*)

Lange, weite Strände, bequeme Fahrradwege und sauberes Wasser sind einige der Gründe, warum der Küstenvorort von Grosseto das Siegel „kinderfreundlich" bekam. Es ist also kein Zufall, dass der florentinische Abenteuerpark Il Gigante im Campingdorf Cieloverde hier eine Sommerzweigstelle hat. *Mitte Juni–Mitte Sept. tgl., Mitte Mai–Mitte Juni und Mitte Sept.–Mitte Okt. Sa/So 10–19.30 Uhr | 18 Euro, Kinder (6–14 Jahre) 14 Euro bzw. 10 Euro (3–6 Jahre) | Via della Trappola 180 | www.alberovivo.it*

INSIDER TIPP PARCO ARCHEO-MINERARIO DI SAN SILVESTRO (146 B3) (*ᗡ F13*)

Wo bereits die Etrusker vor Jahrtausenden Bodenschätze gefördert hatten, kön-

www.marcopolo.de/toskana

MIT KINDERN UNTERWEGS

nen Besucher heute eine Entdeckungsreise in die Bergbaugeschichte der Colline Metallifere, der „metallhaltigen Hügel", unternehmen. Dazu gehören ein Besuch im Bergbaumuseum und eine Fahrt mit einem kleinen gelben Zug in einen stillgelegten Stollen. *März–Mai und Okt. Sa/So 10–18, Juni und Sept. Di–So 10–19, Juli/Aug. tgl. 9.30–19.30 Uhr | 9 Euro, Kinder (6–14 Jahre) 6 Euro | www.parchivaldicornia.it*

MUSEO NAZIONALE DEL FUMETTO IN LUCCA (136 C5) (*E7*)

Irgendwie logisch, dass das italienische Comicmuseum in der Toskana liegt, wurde hier doch bereits im Mittelalter das Volk mit gemalten Geschichten auf Kirchenwänden unterhalten und belehrt.

Das bunte Angebot auf den Märkten zieht auch schon junge Fashionistas in Bann

Originalzeichnungen, lebensgroße Figuren und Szenenbilder heutiger Bildergeschichtenerzähler sind in einer ehemaligen Kaserne ausgestellt. *Di–So 10–18 Uhr | 4 Euro, Kinder (5–18 Jahre) 3 Euro | Piazza San Romano 4 | www.museonazionaledelfumetto.com*

LUCCA, PISA & DIE VERSILIA

GROTTA DEL VENTO BEI FORNOVOLASCO (135 E5) (*D5–6*)

Stalaktiten, Stalagmiten, Sinterströme und Seen: Diese unterirdischen Wunderdinge können Sie in der Tropfsteinhöhle in den Apuanischen Alpen auf drei bequemen und gut beleuchteten Rundwegen erforschen. *Tgl. 10–19 Uhr zur vollen Stunde | je nach Rundgang 9/14/20 Euro, Kinder bis 10 Jahre 7/11/16 Euro | www.grottadelvento.com*

PARCO AVVENTURA IN FOSDINOVO (134 C4) (*B5*)

50 Hindernisse versprechen Abenteuer für jeden Geschmack: Mountainbikeparcours, Mini-Quad-Strecke, schwankende Seilbrücken, Seilrutsche ... *März–Mitte Juni Sa/So 11–17, Mitte Juni–Mitte Sept. tgl. 10–19, Mitte Sept.–Okt. tgl. 10–17 Uhr | 20 Euro, Jugendliche 15 Euro, Kinder 8 Euro | Via Cucco | www.parcoavventurafosdinovo.com*

114 | 115

EVENTS, FESTE & MEHR

Für ein Dorffest oder Stadtturnier ist den Toskanern jeder Anlass recht: das Patronatsfest, ein heidnischer Brauch, ein Ereignis der Stadtgeschichte. Halten Sie nach einer ● INSIDERTIPP *sagra* Ausschau! Bei diesen Dorffesten werden lokale Spezialitäten aufgetischt, u. a. bei der *Sagra della Birra* in Buriano bei Grosseto Anfang August.

OFFIZIELLE FEIERTAGE

1. Jan.; 6. Jan.; Ostermontag; 25. April (*Liberazione* – Gedenktag an die Befreiung von der deutschen Besatzung); **1. Mai; 2. Juni** (*Festa della Repubblica* – Tag der Republik); **15. Aug.; 1. Nov.; 8. Dez.** (Unbefleckte Empfängnis); **25./26. Dez.**

FESTE & FESTIVALS

FEBRUAR/MÄRZ
Höhepunkt im ▶ *Karneval* sind die allegorischen Pappmachéfiguren in Viareggio, die über die Uferpromenade gezogen werden. www.viareggio.ilcarnevale.com

MÄRZ/APRIL
Der ▶ *Venerdì Santo* von Grassina, einem südlichen Vorort von Florenz, am Karfreitag ist die toskanische Version der Oberammergauer Passionsspiele. www.rievstoricagrassina.it

APRIL–MITTE JUNI
Ende April beginnt in Florenz der ▶ *Maggio Musicale Fiorentino,* das älteste Musikfestival für moderne Klassik. www.maggiofiorentino.com

MAI
An den beiden letzten Maisonntagen feiert Lucignano bei Arezzo mit dem farbenprächtigen ▶ INSIDERTIPP *Blumenkorso Maggiolata* den Frühling.

JUNI
Am 17. Juni steigt in Pisa die ▶ *Regata di San Ranieri,* ein Rennen mit historischen Ruderbooten auf dem Arno, und am letzten Junisonntag der ▶ *Gioco del Ponte:* Auf der Arnobrücke Ponte di Mezzo schieben Männer mit Muskeln der Gegenseite einen tonnenschweren Karren zu.
Beim ▶ *Calcio in Costume* in Florenz am 24. Juni raufen drei Mannschaften um einen Stoffball. Der Tag endet mit einem Feuerwerk. www.calciostorico.it

JULI/AUGUST
Nur rund 100 Sekunden dauert der ▶ *Palio* am 2. Juli und 16. August in Siena, bei

Aktuelle Events weltweit auf www.marcopolo.de/events

Sport, Spiele, Speisen, mittelalterliches Reiterspiel oder Jazzkonzert: Toskanische Events haben viele Gesichter

dem zehn Reiter auf ungesattelten Pferden dreimal die Piazza del Campo umrunden. *www.ilpalio.org*

Beim Bluesfestival ▶ *Pistoia Blues* auf dem Domplatz im Juli spielten schon Legenden wie B. B. King und die Talking Heads. Bei der ▶ ● *Mercantia* in Certaldo ist die Stadt Mitte Juli fünf Tage lang ein Pilgerziel von Gauklern und Artisten, die ihr Können auf den Straßen und Plätzen zeigen. *www.mercantiacertaldo.it*

▶ *La Versiliana,* das Mehrspartenfestival in Pietrasanta von Mitte Juli bis Ende August, ist Treffpunkt für Urlauber, die ihr Badevergnügen mit einer Prise Kultur würzen wollen. *www.laversilianafestival.com*

▶ *Effetto Venezia* ist eine neuntägige Kirmes mit Musik, Tanz, Kleinkunst und Folklore Ende Juli/Anfang August in Livorno.

▶ *Grey Cat Festival:* Überall in der Provinz Grosseto gibt es im August Jazz vom Feinsten.

Das historische Spiel ▶ *Bravio delle Botti* am letzten Augustsonntag lockt unzählige Besucher nach Montepulciano. Dabei werden Weinfässer die steilen Straßen zur Piazza Grande hochgerollt. *www.braviodellebotti.com*

SEPTEMBER

Die ▶ *Giostra del Saracino* in Arezzo am ersten Sonntag ist ein farbenprächtiges Kostümfest, bei dem Reiter eine Holzfigur mit der Lanze treffen müssen. Mittelalterfans kommen voll auf ihre Kosten! *www.giostradelsaracino.arezzo.it*

Freizeitchöre aus ganz Europa reisen Mitte September zum hochkarätigen Wettbewerb ▶ *Concorso Polifonico* nach Arezzo. *www.polifonico.org*

ENDE OKTOBER

▶ *Lucca Comics & Games:* Hier ist der Name Programm. *www.luccacomicsandgames.com*

23.–26. DEZEMBER

Beim ▶ *Presepe Vivente* in Equi Terme stellt die Bevölkerung die Weihnachtsgeschichte nach. *www.presepeviventeequi.com*

ICH WAR SCHON DA!

Drei User aus der MARCO POLO Community verraten ihre Lieblingsplätze und ihre schönsten Erlebnisse

AM STRAND VON VADA

Das kleine Vada an der etruskischen Küste ca. 40 km südlich von Pisa ist berühmt für seine 5 km langen, weißen Strände *(spiagge bianche)*. Ich fühlte mich fast wie in der Karibik, so türkisfarben schillert das Meer auf dem weichen, weißen Sand. Die Strände von Vada sind auch ideal für Kinder, da es sehr flach ins Wasser hineingeht. Zudem gibt es einen separaten, ausgeschilderten Hundestrandabschnitt sowie einen abgetrennten Bereich für Kitesurfer. Auch ein Eiswagen fährt in regelmäßigen Abständen am Strand entlang. Es sind ausreichend Parkplätze an der Straße vorhanden. **editha aus Nettetal**

BURG VON POPULONIA

Zur Burg gelangten wir über eine schmale Straße, die zur kleinen Ortschaft Populonia führt. Vom Turm der Burgruine aus hatten wir einen herrlichen Rundblick über die Toskana und das tiefblaue Meer. In Populonia selbst lädt ein romantisches Gartencafé dazu ein, sich gemütlich niederzulassen und einen Cappuccino zu genießen. **Reisefieber aus Merkendorf**

BAR GAMBRINUS

Montecatini Terme ist zwar ein etwas in die Jahre gekommener Kurort, hat aber Charme und vor allem eine erstklassige Gastronomie. Mein Geheimtipp: Die Bar Gambrinus im Viale Verdi 26 ist ein Muss für den Aperitif – ein guter Drink, gepaart mit vielen leckeren Köstlichkeiten. **Dolce Vita! Gerli aus Achern**

Haben auch Sie etwas Besonderes erlebt oder einen Lieblingsplatz gefunden, den nicht jeder kennt? Gehen Sie einfach auf www.marcopolo.de/mein-tipp

EIGENE NOTIZEN

LINKS, BLOGS, APPS & MORE

LINKS

▶ www.toscanainfesta.it Auf dieser Website finden Sie Infos zu den unzähligen Volksfesten überall in der Toskana. Dass viele davon im Zeichen einer lokalen kulinarischen Spezialität stehen – vom Wildschweinfest übers Steinpilzfest bis zum Krapfenfest –, sollte Sie bei dieser lukullisch gesegneten Region nicht wundern

▶ www.atlantidephototravel.com Großartige Landschafts- und Detailaufnahmen dreier Florentiner Fotografen zum Einstimmen. Einfach oben rechts „Toscana" in der Suchmaske eingeben

▶ www.marcopolo.de/toskana Alles auf einen Blick: interaktive Karten inklusive Planungsfunktion, Impressionen aus der Community, aktuelle News und Angebote …

▶ www.reise-nach-italien.de Deutsches Italienportal, bei dem unter dem Stichwort Toskana aufschlussreiche Kommentare über Land, Leute, Kultur und italienische Lebensart erscheinen, angereichert mit nützlichen Infos für einen gelungen Urlaub

BLOGS & FOREN

▶ www.toskana.net/blog Informatives und ansprechendes Toskanaportal einer in der Südtoskana verheirateten Deutschen mit Alltäglichem, Kuriosem, News und Erlebtem vor allem aus der Maremma

▶ www.lamiatoscanablog.wordpress.com Arianna Fazio verkauft zunächst einmal themenbezogene Urlaubspakete. Aber sie kennt die Region eben auch wie ihre Handtasche und geizt nicht mit interessanten Informationen. Fazit: Der Blick auf den Blog ist bereichernd

▶ www.ioamofirenze.com Wie ist eigentlich das coole Restaurant in Oltrarno? Welche Bar mit abendlichem Aperitif ist gerade angesagt? Wer hat morgen einen Gig? Auf diese Fragen zu Florenz gibts bei dem Kultblog einer Florentinerin immer eine Antwort. Zum Glück auch auf Englisch

Egal, ob Sie sich vorbereiten auf Ihre Reise oder vor Ort sind: Mit diesen Adressen finden Sie noch mehr Informationen, Videos und Netzwerke, die Ihren Urlaub bereichern. Da manche Adressen extrem lang sind, führt Sie der kürzere mp.marcopolo.de-Code direkt auf die beschriebenen Websites

VIDEOS

▶ www.wn.com/Klaus_Stern Unter dem Stichwort „Tuscany – Impressions" finden Sie auf der Website des Fotografen Klaus Stern seinen aus rund 50 000 traumhaften Landschaftsaufnahmen fotografierten Film im Zeitraffer. Wunderbar zum Schwelgen!

▶ mp.marcopolo.de/tos1 Ein Youtube-Clip von Christel und Jürgen Heitmann, der Stationen einer achtteiligen Videoreise durch die Toskana zeigt

▶ mp.marcopolo.de/tos1 Stimmungsvolle Impressionen eines virtuellen Rundgangs durch San Gimignano

APPS

▶ Tuscany plus Die Augmented-Reality-App für iPhone und demnächst für Android wurde vom Tourismusreferat erstellt. Wer es auf sein Smartphone lädt, braucht nur noch die interne Kamera auf einen Punkt zu halten, und schon erscheint eine Straßenkarte samt Tags mit Informationen über Sehenswürdigkeiten, Hotels und Restaurants in unmittelbarer Nähe

▶ Siena Walking Tours and Map/Pisa Walking Tours and Map Die App ist ein gutes Hilfsmittel für den ersten Schnupperbesuch der Paliostadt bzw. der Stadt des Schiefen Turms. Wahlweise bietet es einstündige Touren durch Kultur, Nightlife und Shoppingzonen

NETWORK

▶ www.talktotuscany.com Tripadvisor alla Toscana, mit dem die Region Toskana beweist, dass sie das interaktive Potenzial des Internets zu nutzen weiß. Besucher aus der ganzen Welt können hier Fragen stellen und ihre Eindrücke, Tipps und Kommentare posten

▶ www.toskana-treff.de Vor Antritt der Reise lohnt ein Besuch der toskanaspezifischen Reisecommunity. Einige wichtige Eindrücke und Informationen nehmen Sie sicherlich mit

▶ www.couchsurfing.org Wenns mit dem Schlafplatz mal nichts wird, findet sich unter dem Stichwort Italy sicherlich der ein oder andere toskanische User, der gute Tipps geben kann

Für den Inhalt der auf diesen Seiten genannten Adressen übernimmt der Verlag keine Verantwortung

PRAKTISCHE HINWEISE

ANREISE

Die bequemste Route führt durch Österreich, über den Brennerpass und die A 22 bis Modena und von dort weiter auf der A 1 über Bologna nach Florenz. Wer über die Schweiz anreist, nimmt in Mailand die A 1 in Richtung Modena, Bologna, Florenz. Eine Alternative ist die Strecke Mailand–Parma, von dort geht es über die A 15 und den Cisapass nach La Spezia und weiter Richtung Pisa. Die Autobahnen in Italien, Österreich und der Schweiz sind mautpflichtig. Die aktuellen Gebühren finden Sie unter *www.autostrade.it,* Stichwort *percorsi.* Von Juli bis September gilt auf den Autobahnen an den Wochenenden ein LKW-Fahrverbot. Von mehreren deutschen Städten verkehren

Autozüge nach Alessandria und Verona in Norditalien – eine entspannte und umweltfreundliche, aber nicht preiswerte Alternative.

Die Hauptstrecken führen über Österreich, den Brenner und Bologna nach Florenz. Durch die Schweiz bzw. von der Schweiz aus können Sie wählen zwischen der Strecke Mailand–Genua–Livorno–Grosseto oder Mailand–Bologna–Florenz. Von dort geht es in alle Richtungen mit den Regionalbahnen weiter. Tickets gibt es am Schalter, am Automaten oder am Zeitungskiosk. Dort muss man allerdings die Kilometerzahl kennen.

Pisas Flughafen Aeroporto Galileo Galilei ist der wichtigste Flughafen in der Toskana. Er wird von Germanwings ab Köln, Berlin und München angeflogen, von Air Dolomiti ab München, von Easyjet ab Berlin und von Ryanair ab Lübeck, Düsseldorf-Weeze und Frankfurt-Hahn. Der Flughafen ist per Zug und Bus mit dem Hauptbahnhof in der Innenstadt verbunden. Ein Shuttle fährt mehrmals täglich nach Florenz. Nach Florenz fliegt Air-Berlin ab Stuttgart und Düsseldorf, Lufthansa ab Frankfurt und München. Der Flughafen ist über einen Shuttlebus mit dem Hauptbahnhof Santa Maria Novella verbunden. Wer in die südliche Toskana will, kann auch Flüge nach Rom in Betracht ziehen.

GRÜN & FAIR REISEN

Auf Reisen können auch Sie mit einfachen Mitteln viel bewirken. Behalten Sie nicht nur die CO_2-Bilanz für Hin- und Rückflug im Hinterkopf *(www.atmosfair.de)*, sondern achten und schützen Sie auch nachhaltig Natur und Kultur im Reiseland *(www.gate-tourismus.de; www.zukunftreisen.de; www.ecotrans.de)*. Gerade als Tourist ist es wichtig, auf Aspekte zu achten wie Naturschutz *(www.nabu.de; www.wwf.de)*, regionale Produkte, Fahrradfahren (statt Autofahren), Wassersparen und vieles mehr. Wenn Sie mehr über ökologischen Tourismus erfahren wollen: europaweit *www.oete.de*; weltweit *www.germanwatch.org*

AUSKUNFT

ITALIENISCHE ZENTRALE FÜR TOURISMUS ENIT
– Barckhausstr. 10 | 60325 Frankfurt | Tel. 069 23 74 34 | www.enit.de

Von Anreise bis Zoll

Urlaub von Anfang bis Ende: die wichtigsten Adressen und Informationen für Ihre Toskanareise

– Kärntnerring 4 | 1010 Wien | Tel. 01 5 05 16 39 | www.enit.at
– Uraniastr. 32 | 8001 Zürich | Tel. 04 34 66 40 40 | www.enit.ch

WWW.TURISMO.INTOSCANA.IT

Die offizielle Website der Region Toskana bietet zahlreiche weiterführende Links.

AUTO

Auf Autobahnen beträgt die Höchstgeschwindigkeit 130 km/h, auf Landstraßen 90 km/h, in geschlossenen Ortschaften 50 km/h. Die Promillegrenze liegt bei 0,5, und beim Fahren besteht Handyverbot. Außerhalb von Ortschaften muss grundsätzlich das Abblendlicht eingeschaltet sein, und bei Unfall oder Panne außerhalb von Ortschaften müssen Sie beim Verlassen des Wagens eine Warnweste anziehen.

Tankstellen sind werktags zwischen 7.30 und 12.30 und 15 und 19 Uhr geöffnet, sonntags nur vereinzelt auf Ausfallstraßen und Autobahnen. Es gibt jedoch fast überall Tankautomaten.

Die Autobahnen sind gebührenpflichtig. Trotzdem sind sie bei längeren Fahrten zu empfehlen, denn die Landstraßen in der hügeligen, manchmal auch bergigen Region sind oft kurvenreich. In Planung ist auch eine Gebühr für die beiden toskanischen Schnellstraßen Florenz–Siena–Grosseto und Florenz–Pisa–Livorno.

Steht am Eingang der historischen Innenstädte das Schild ZTL (Zona a Traffico Limitato), heißt das: Fahrzeuge ohne Genehmigung müssen draußen bleiben. Für Autos gilt das mittlerweile in fast allen Innenstädten, und Parkplätze an den Randbezirken sind teuer. Wer ein Hotel in der Altstadt gebucht hat, erhält dort meist einen Anwohnerparkausweis. Es kann aber auch sein, dass man den Wagen nach dem Entladen wieder aus dem Zentrum entfernen und außerhalb par-

WAS KOSTET WIE VIEL?

Museum	6,50 Euro *für die Uffizien in Florenz*
Kaffee	um 1,50 Euro *für einen Cappuccino im Stehen am Bartresen*
Pizza	um 8 Euro *für eine Pizza im Lokal*
Wein	um 4 Euro *für ein Glas Tischwein*
Benzin	um 1,50 Euro *für 1 l Super bleifrei*
Strand	um 25 Euro *Miete/Tag für zwei Liegestühle und Sonnenschirm*

ken muss. Über eigene Garagen oder andere Parkmöglichkeiten verfügen in der Regel nur Hotels ab drei Sternen aufwärts. Auf den Seitenstreifen dürfen oft nur Anwohner parken. Für blau markierten Parkplätze reichen manchmal Parkscheiben, ansonsten halten Sie nach einem Parkscheinautomaten Ausschau. Bei längerem Aufenthalt ist es bequemer, die gebührenpflichtigen Parkhäuser und Parkplätze zu nutzen, die fast jede Stadt in Fußentfernung zu den Sehenswürdigkeiten anbietet (ca. 1–2 Euro pro Stunde). Planen Sie einen Ausflug in einen anderen Ort, benutzen Sie, wenn möglich, die öffentlichen Verkehrsmittel. Mit Bus oder Bahn kommen Sie fast überall hin. Wollen Sie allerdings auch den Abend woanders verbringen, müssen Sie Ihr eigenes Fahrzeug nehmen. Nach 22 Uhr verkehren kaum noch Züge und Busse.

DIPLOMATISCHE VERTRETUNGEN

DEUTSCHES KONSULAT FLORENZ
Corso dei Tintori 3 | Tel. 05 52 34 35 43

ÖSTERREICHISCHES KONSULAT FLORENZ
Lungarno Vespucci 58 | Tel. 05 52 65 42 22

SCHWEIZER KONSULAT FLORENZ
Hotel Park Palace | Piazzale Galileo 5 | Tel. 0 55 22 24 34

EINREISE

Personalausweis bzw. Kinderausweis genügt. Grenzkontrollen finden nur noch sporadisch statt.

EINTRITTSPREISE

Die Eintrittspreise für Museen und Baudenkmäler variieren stark. In den örtlichen Infostellen für Touristen erfahren Sie, ob es reduzierte Eintrittskarten gibt und ob und wo Sie Tickets für Museumsbesuche vorbestellen können, um lange Wartezeiten zu vermeiden.

GELD & KREDITKARTEN

Nahezu alle Banken haben einen *bancomat.* In vielen Restaurants, Hotels und Geschäften sowie bei Tankstellen werden Kreditkarten akzeptiert.

GESUNDHEIT

Die Europäische Krankenversicherungskarte EHIC reicht aus, um sich bei einem Unfall oder einer akuten Erkrankung medizinisch versorgen zu lassen. Wer sich zusätzlich absichern möchte, kann eine

KULTURSOMMER IN DER TOSKANA

Landflucht: Dieses Schicksal vieler Dörfer in den 1960er-Jahren traf auch Monticchiello bei Pienza. Die jungen Leute gingen weg, Häuser standen leer, das Land lag brach. Die Daheimgebliebenen hatten Angst, ihre Heimat wohlhabenden Städtern und Fremden überlassen zu müssen. Doch dann entdeckten sie Theaterspielen als ihre Form, sich gegen das Schicksal zu wehren und sich neuen Zusammenhalt zu geben. Seit 1967 führen die Einwohner von Monticchiello jedes Jahr Ende Juli, Anfang August auf der Dorfpiazza ein selbst geschriebenes Stück über ihren toskanischen Alltag auf – mit großem Erfolg! Das *Teatro Povero,*

das „Arme Theater", ist nur eines von zahlreichen Highlights des toskanischen Kultursommers. Zwischen Mai und September wird immer irgendwo ein Platz oder Park, ein Kreuzgang oder eine Kirche, ein Stadtviertel oder ein Straßenzug zum Kulturraum erklärt. Dann gibt es Tanz oder Theater, Film oder Musik, mal traditionell, mal avantgardistisch. Einige dieser Sommerinitiativen sind längst Kult, darunter das Theaterfestival *Volterrateatro,* der maremmanische Jazzreigen *Grey Cat Festival* oder das *On the Road Festival* von Pelago bei Florenz, wo sich im Juni Straßenkünstler ein Stelldichein geben.

PRAKTISCHE HINWEISE

Reiseversicherung abschließen. Die Notfallambulanz der Krankenhäuser *(pronto soccorso)* hilft in der Regel gut, schnell und unbürokratisch. Eventuelle Belege und Rechnungen legen Sie Ihrer Kasse zur Erstattung vor.

KLIMA & REISEZEIT

In der gesamten Toskana herrscht gemäßigtes Mittelmeerklima. Im Winter scheint häufig die Sonne, doch es gibt auch kalte und vor allen Dingen nasse Tage. Schnee fällt in der Regel nur in den Hochlagen. Frühling und Herbst sind die beste Reisezeit. Im August in die Toskana zu reisen ist nicht ideal: Dann sind die Strände überfüllt und die brütend heißen Städte wie ausgestorben.

MIETFAHRZEUGE & FAHRRADVERMIETUNG

Mietwagen gibt es an den Flughäfen und in den Städten bei den bekannten Firmen. Eine Kreditkarte ist obligatorisch. Für einen Kleinwagen zahlt man ab ca. 80 Euro pro Tag, Wochentarife sind billiger. Buchungen vor Reiseantritt sind häufig preiswerter, ebenso Wochenendpauschalen. Vespa- und Motorradvermieter haben sich ebenfalls in allen größeren Urlaubsorten etabliert. Die Vespa, der legendäre italienische Motorroller mit den kleinen Rädern, ist jedoch gewöhnungsbedürftig! Die ab 50 cm³ vorgeschriebenen Helme gibt es in der Regel gratis dazu. Fahrräder gibt es in Florenz direkt am Hauptbahnhof zu mieten, ansonsten fragen Sie in Ihrem Hotel oder bei der örtlichen Touristenauskunft Pro Loco.

MUSEEN

Die großen staatlichen Museen sind montags geschlossen, aber über Mittag geöffnet. Der Eintritt ist für EU-Bürger bis 18 und über 65 Jahre gratis, von 18 bis 25 Jahre kostet er die Hälfte.

NOTRUF

Carabinieri (bei Verbrechen) *Tel. 112*
Feuerwehr *(Vigili del fuoco) Tel. 115*
Notarzt und Rettungswagen *Tel. 118*
Polizei (bei Unfällen, mit Notarzt) *Tel. 113*
Pannenhilfe *Tel. 80 3116*

ÖFFENTLICHE VERKEHRSMITTEL

Regionale öffentliche Verkehrsmittel sind vergleichsweise günstig, die Überlandbusse und Züge in der Regel pünktlich. Tagsüber verkehren sie häufig, abends eher selten. Die schnellen, reservierungspflichtigen Eurostar-Züge verbinden nur die großen Städte und sind erheblich teurer. Falls Sie die Fahrkarten ein paar Wochen vorher kaufen, wird es allerdings billiger. Bahnfahrkarten ohne Reservierungen müssen am Bahnsteig entwertet werden. Von Florenz aus fahren Überlandbusse der Linien fast alle Orte in der Toskana an. Für den Stadtbus bekommen Sie die Tickets am Zeitungskiosk oder in Tabakgeschäften, für Überlandbusse, dort, wo er losfährt, und in einer Bar in der Nähe der Haltestellen. Im Bus bezahlt man einen Aufpreis von mindestens 1 Euro.

ÖFFNUNGSZEITEN

Die Mittagspause ist den Toskanern noch immer heilig. Kleinere Geschäfte haben daher in der Regel von 9 bis 13 und von 16 bis 19.30 Uhr geöffnet. Am Sonntag und Montagvormittag sind sie geschlossen. Viele große Supermärkte und Einkaufszentren haben durchgehend von 8 bis 20 Uhr geöffnet, manchmal sogar am

Sonntag. Kirchen bleiben über Mittag meist geschlossen. Während der Gottesdienste ist keine Besichtigung erlaubt.

POLIZEI

Typisch italienisch: Es gibt gleich mehrere Polizeikategorien: die *Vigili* oder *Polizia Municipale* sind Verkehrspolizisten, bei Strafdelikten sind *Carabinieri* und *Polizia di Stato* zuständig. *Polfer* heißt die Bahnpolizei, und *Guardia di Finanza* sind Steuerfahnder. Sie alle dürfen nach Ihrem Ausweis fragen.

QUITTUNGEN

Für sämtliche Dienstleistungen und Waren muss man sich in Italien eine Quittung *(scontrino)* geben lassen und diese aufbewahren, um sie bei Kontrollen der Steuerbehörde vorweisen zu können.

RAUCHEN

Rauchen ist in allen öffentlichen Räumen untersagt, also auch in Restaurants, Bars, Diskotheken etc., die keine gesonderten Raucherzimmer haben. Gäste, die gegen die Vorschriften verstoßen, müssen mit Geldstrafen bis zu 250 Euro rechnen

STROM

Die Netzspannung entspricht der EU-Norm. Für die Stecker empfiehlt es sich, einen Adapter mitzunehmen.

TAXI

Lassen Sie sich im Hotel ein offizielles Funktaxi rufen, oder gehen Sie direkt zu den Taxiständen am Flughafen oder an den Bahnhöfen. Die Tarife entsprechen in etwa denen in Deutschland, nachts wird ein Aufpreis berechnet.

TELEFON & HANDY

Die Vorwahl nach Italien ist 0039, die Vorwahl von Italien nach Deutschland 0049, nach Österreich 0043, in die Schweiz 0041. Innerhalb Italiens gibt es keine Vorwahlen, die Null am Anfang einer Nummer wird auch bei Anrufen aus dem Ausland mitgewählt. Mobilnummern beginnen ohne Null. Für das Telefonieren mit einem ausländischen Handy sind wegen der Roaminggebühren italienische Prepaidkarten am günstigsten. Man bekommt sie in Tabakgeschäften für 5–10 Euro. Für Vieltelefonierer lohnt sich eine aufladbare Simkarte von einem der vier Netzanbieter (Wind, Vodafone, Telecom, Fastweb). So sind Sie über eine italienische Nummer zu erreichen, und Gebühren für eingehende Gespräche fallen weg. Beim Kauf Ausweis, Kontaktadresse und Handy mitnehmen. Es gibt nur noch wenige Telefonzellen, die mit Münzen funktionieren. Telefonkarten *(carta telefonica)* sind in Bars, Tabakgeschäften und Postämtern erhältlich.

TRINKGELD

Es gelten im Wesentlichen dieselben Gepflogenheiten wie in Deutschland. Allerdings lassen Sie sich im Lokal immer erst das Wechselgeld bringen und lassen Ihr Dankeschön dann auf dem Tisch zurück.

UNTERKUNFT

AGRITURISMO

Auf Aberhunderten von Höfen in der Toskana wurden Gästezimmer und Apartments eingerichtet. Das Angebot reicht vom einfachen Zimmer bis zur Suite in einem Weingut. Vermietet wird tage- und wochenweise. Adressen mit guten Angeboten finden Sie u. a. auf folgenden Websites: *www.bauernhofurlaub.com,*

PRAKTISCHE HINWEISE

www.terranostra.it, *www.agritour.net*, *www.agriturist.it*

BED & BREAKFAST
Auf der Website *www.bbitalia.it* finden Sie – auch auf Deutsch – eine Vielzahl privater Unterkünfte in sympathischem Ambiente und zu attraktiven Preisen.

CAMPING
Ob im Binnenland oder an der Küste, die Qualität der Campingplätze hat sich enorm verbessert und ist in Italien nach wie vor bei Familien mit Kindern sehr beliebt. *www.camping.it/germany*

FERIENWOHNUNGEN
Auf folgenden Websites sind Sie bei der Suche nach den eigenen vier Wänden auf Zeit an der richtigen Adresse: *www.ferientoscanasi.com, www.fewo-direkt.de, www.homelidays.com, www.sempre-italia.de, www.vamos-reisen.de, www.toskana-spezial.com, www.atraveo.de*

HOTELS
In den touristischen Gebieten am Meer oder in den Bergen bekommt man in der Hochsaison oft nur Zimmer mit Halb- oder Vollpension. Außerdem ziehen dann die Preise, vor allem im August, stark an. In der Nebensaison bieten fast alle günstige Sondertarife.

ZOLL
Innerhalb der EU dürfen Sie Waren zum eigenen Verbrauch unbegrenzt mitführen. Richtwerte u. a.: 800 Zigaretten, 10 l Spirituosen, 90 l Wein. Für Schweizer und bei Durchreise durch die Schweiz gelten erheblich geringere Freimengen, u. a. 200 Zigaretten, 1 l Spirituosen und 2 l Wein.

WETTER IN FLORENZ

	Jan.	Feb.	März	April	Mai	Juni	Juli	Aug.	Sept.	Okt.	Nov.	Dez.
Tagestemperaturen in °C	8	10	14	19	23	28	31	30	26	19	13	9
Nachttemperaturen in °C	2	3	6	9	13	16	19	19	16	12	7	3
Sonnenschein Stunden/Tag	4	4	5	6	7	9	10	9	7	6	4	4
Niederschlag Tage/Monat	9	7	8	8	9	6	3	4	9	9	11	9

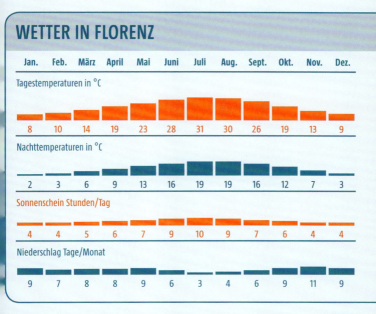

SPRACHFÜHRER ITALIENISCH

AUSSPRACHE

c, cc	vor „e, i" wie deutsches „tsch" in deutsch, Bsp.: dieci, sonst wie „k"
ch, cch	wie deutsches „k", Bsp.: pacchi, che
ci, ce	wie deutsches „tsch", Bsp.: ciao, cioccolata
g, gg	vor „e, i" wie deutsches „dsch" in Dschungel, Bsp.: gente
gl	ungefähr wie in „Familie", Bsp.: figlio
gn	wie in „Kognak", Bsp.: bagno
sc	vor „e, i" wie deutsches „sch", Bsp.: uscita
sch	wie in „Skala", Bsp.: Ischia
sci	vor „a, o, u" wie deutsches „sch", Bsp.: lasciare
z	immer stimmhaft wie „ds"

Ein Akzent steht im Italienischen nur, wenn die letzte Silbe betont wird. In den übrigen Fällen haben wir die Betonung durch einen Punkt unter dem betonten Vokal angegeben.

AUF EINEN BLICK

ja/nein/vielleicht	sì/no/forse
bitte/danke	Per favore/Grazie
Entschuldige!/Entschuldigen Sie!	Scusa!/Mi scusi!
Darf ich ...?	Posso ...?
Wie bitte?	Come dice?/Prego?
Ich möchte .../Haben Sie ...?	Vorrei .../Avete ...?
Wie viel kostet ...?	Quanto costa ...?
Das gefällt mir (nicht).	(Non) mi piace.
gut/schlecht	buono/cattivo/bene/male
kaputt/funktioniert nicht	guasto/non funziona
zu viel/viel/wenig/alles/nichts	troppo/molto/poco/tutto/niente
Hilfe!/Achtung!/Vorsicht!	aiuto!/attenzione!/prudenza!
Krankenwagen/ Polizei/Feuerwehr	ambulanza/polizia/vigili del fuoco
Verbot/verboten	divieto/vietato
Gefahr/gefährlich	pericolo/pericoloso

BEGRÜSSUNG & ABSCHIED

Gute(n) Morgen/Tag!/Abend!/Nacht!	Buon giorno!/Buon giorno!/ Buona sera!/Buona notte!
Hallo!/Auf Wiedersehen!/Tschüss!	Ciao!/Salve!/Arrivederci!/Ciao!

Parli italiano?

„Sprichst du Italienisch?" Dieser Sprachführer hilft Ihnen,
die wichtigsten Wörter und Sätze auf Italienisch zu sagen

Ich heiße ...	Mi chiamo ...
Wie heißen Sie?/Wie heißt Du?	Come si chiama?/Come ti chiami?
Ich komme aus ...	Vengo da ...

DATUMS- & ZEITANGABEN

Montag/Dienstag	lunedì/martedì
Mittwoch/Donnerstag	mercoledì/giovedì
Freitag/Samstag	venerdì/sabato
Sonntag/Werktag/Feiertag	domenica/(giorno) feriale/festivo
heute/morgen/gestern	oggi/domani/ieri
Stunde/Minute/Tag/Nacht	ora/minuto/giorno/notte
Woche/Monat/Jahr	settimana/mese/anno
Wie viel Uhr ist es?	Che ora è? Che ore sono?
Es ist drei Uhr./Es ist halb vier.	Sono le tre./Sono le tre e mezza.
Viertel vor vier	le quattro meno un quarto/ un quarto alle quattro
Viertel nach vier	le quattro e un quarto

UNTERWEGS

offen/geschlossen	aperto/chiuso
Eingang/Einfahrt/Ausgang/Ausfahrt	entrata/entrata/uscita/uscita
Abfahrt/Abflug/Ankunft	partenza/partenza/arrivo
Toiletten/Damen/Herren	bagno/signore/signori
(kein) Trinkwasser	acqua (non) potabile
Wo ist ...?/Wo sind ...?	Dov'è ...?/Dove sono ...?
links/rechts/geradeaus/zurück	sinistra/destra/dritto/indietro
nah/weit	vicino/lontano
Bus/Straßenbahn/U-Bahn/Taxi	bus/tram/metropolitana/taxi
Haltestelle/Taxistand	fermata/posteggio taxi
Parkplatz/Parkhaus	parcheggio/parcheggio coperto
Stadtplan/(Land-)Karte	pianta/mappa
Bahnhof/Hafen/Flughafen	stazione/porto/aeroporto
Fahrplan/Fahrschein/Zuschlag	orario/biglietto/supplemento
einfach/hin und zurück	solo andata/andata e ritorno
Zug/Gleis/Bahnsteig	treno/binario/banchina
Ich möchte ... mieten.	Vorrei noleggiare ...
ein Auto/ein Fahrrad/ein Boot	una macchina/una bicicletta/una barca
Tankstelle	distributore/stazione di servizio
Benzin/Diesel	benzina/diesel/gasolio
Panne/Werkstatt	guasto/officina

ESSEN & TRINKEN

Reservieren Sie uns bitte für heute Abend einen Tisch für vier Personen.	Vorrei prenotare per stasera un tavolo per quattro persone.
auf der Terrasse/am Fenster	sulla terrazza/vicino alla finestra
Die Speisekarte, bitte.	Il menù, per favore.
Könnte ich bitte ... haben?	Potrei avere ...?
Flasche/Karaffe/Glas	bottiglia/caraffa/bicchiere
Messer/Gabel/Löffel	coltello/forchetta/cucchiaio
Salz/Pfeffer/Zucker	sale/pepe/zucchero
Essig/Öl/Milch/Sahne/Zitrone	aceto/olio/latte/panna/limone
kalt/versalzen/nicht gar	freddo/troppo salato/non cotto
mit/ohne Eis/Kohlensäure	con/senza ghiaccio/gas
Vegetarier(in)/Allergie	vegetariano/vegetariana/allergia
Ich möchte zahlen, bitte.	Vorrei pagare, per favore.
Rechnung/Quittung/Trinkgeld	conto/ricevuta/ mancia

EINKAUFEN

Ich möchte .../Ich suche ...	Vorrei .../Cerco ...
Bäckerei/Markt/Kiosk	forno/mercato/edicola
Fotoartikel/Zeitungsladen	articoli per foto/giornalaio
100 Gramm/1 Kilo	un etto/un chilo
teuer/billig/Preis	caro/economico/prezzo
mehr/weniger	di più/di meno
aus biologischem Anbau	di agricoltura biologica

ÜBERNACHTEN

Ich habe ein Zimmer reserviert.	Ho prenotato una camera
Haben Sie noch ...?	Avete ancora ...?
Einzelzimmer/Doppelzimmer	una (camera) singola/doppia
Frühstück/Halbpension	prima colazione/mezza pensione
Vollpension	pensione completa
Dusche/Bad	doccia/bagno
Balkon/Terrasse	balcone/terrazza
Schlüssel/Zimmerkarte	chiave/scheda magnetica
Gepäck/Koffer/Tasche	bagaglio/valigia/borsa

BANKEN & GELD

Bank/Geldautomat	banca/bancomat
Geheimzahl	codice segreto
bar/ec-Karte/Kreditkarte	in contanti/carta EC/carta di credito
Banknote/Münze	banconota/moneta
Wechselgeld	il resto

SPRACHFÜHRER

GESUNDHEIT

Arzt/Zahnarzt/Kinderarzt	medico/dentista/pediatra
Krankenhaus/Notfallpraxis	ospedale/pronto soccorso/guardia medica
Fieber/Schmerzen/Durchfall/Übelkeit	febbre/dolori/diarrea/nausea
entzündet/verletzt	infiammato/ferito
Pflaster/Verband/Salbe/Creme	cerotto/fasciatura/pomata/crema
Schmerzmittel/Tablette/Zäpfchen	antidolorifico/compressa/supposta

TELEKOMMUNIKATION & MEDIEN

Briefmarke/Brief/Postkarte	francobollo/lettera/cartolina
Ich brauche eine Telefonkarte.	Mi serve una scheda telefonica.
Ich suche eine Prepaidkarte für mein Handy.	Cerco una scheda prepagata per il mio cellulare.
Wo finde ich einen Internetzugang?	Dove trovo un accesso internet?
wählen/Verbindung/besetzt	comporre/linea/occupato
Steckdose/Adapter/Ladegerät	presa/riduttore/caricabatterie
Computer/Batterie/Akku	computer/batteria/accumulatore
At-Zeichen/Internetanschluss/WLAN	chiocciola/collegamento internet/wi-fi
E-Mail/Datei/ausdrucken	email/file/stampare

FREIZEIT, SPORT & STRAND

Strand/Strandbad	spiaggia/stabilimento balneare
Sonnenschirm/Liegestuhl	ombrellone/sdraio
Seilbahn/Sessellift	funivia/seggiovia
(Schutz-)Hütte/Lawine	rifugio/valanga

ZAHLEN

0	zero	15	quindici
1	uno	16	sedici
2	due	17	diciassette
3	tre	18	diciotto
4	quattro	19	diciannove
5	cinque	20	venti
6	sei	21	ventuno
7	sette	50	cinquanta
8	otto	100	cento
9	nove	200	duecento
10	dieci	1000	mille
11	undici	2000	duemila
12	dodici	10 000	diecimila
13	tredici	½	un mezzo
14	quattordici	¼	un quarto

REISEATLAS

Die grüne Linie ▬▬ zeichnet den Verlauf der Ausflüge & Touren nach
Die blaue Linie ▬▬ zeichnet den Verlauf der Perfekten Route nach

**Der Gesamtverlauf aller Touren ist auch in
der herausnehmbaren Faltkarte eingetragen**

Bild: Maremma bei Magliano

Unterwegs in der Toskana

Die Seiteneinteilung für den Reiseatlas finden Sie auf dem hinteren Umschlag dieses Reiseführers

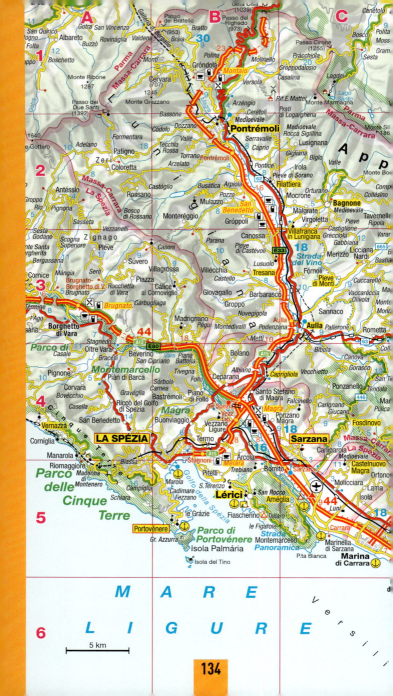

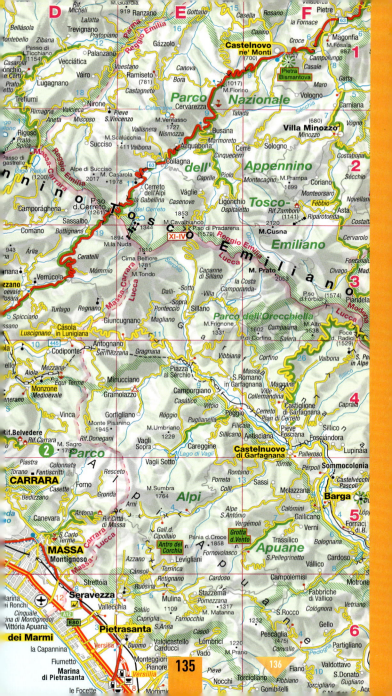

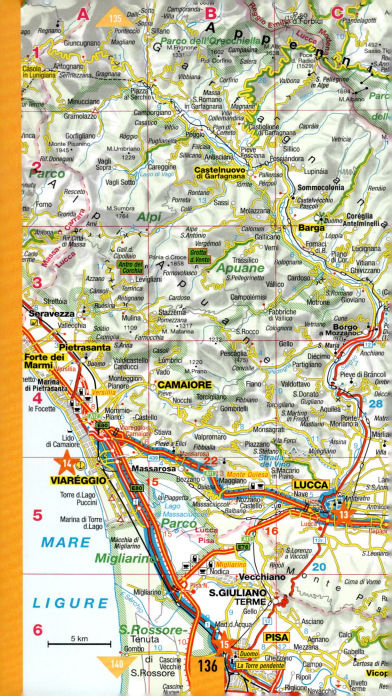

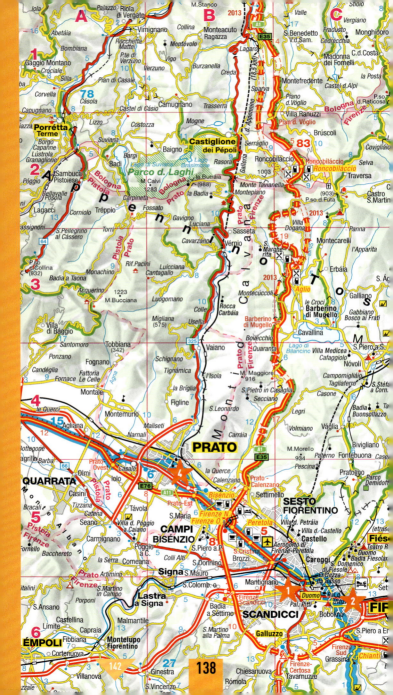

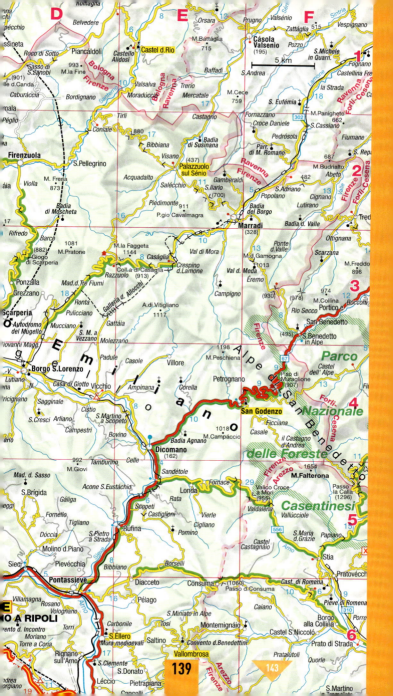

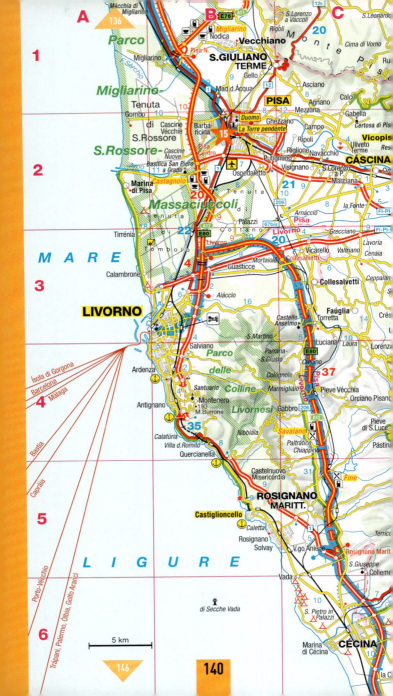

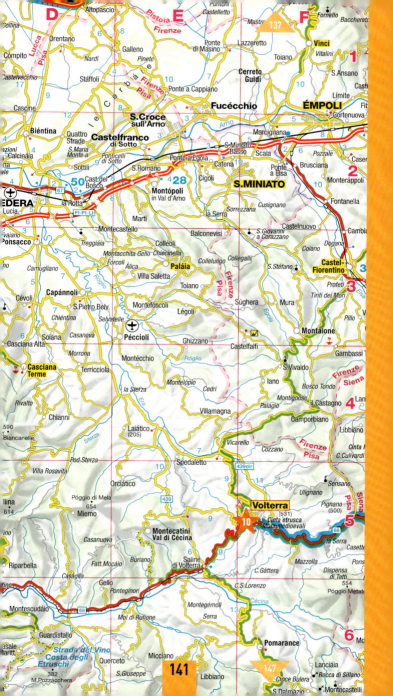

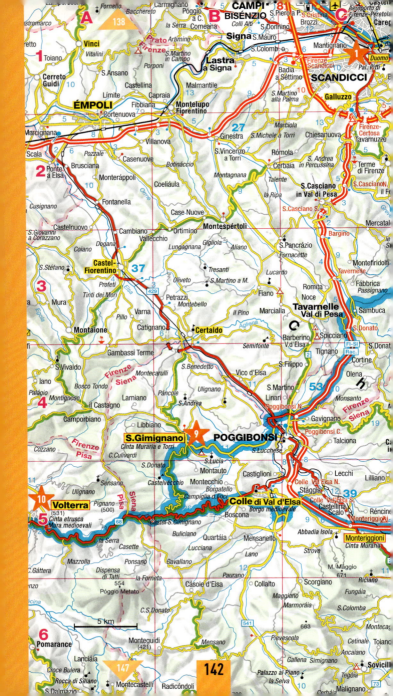

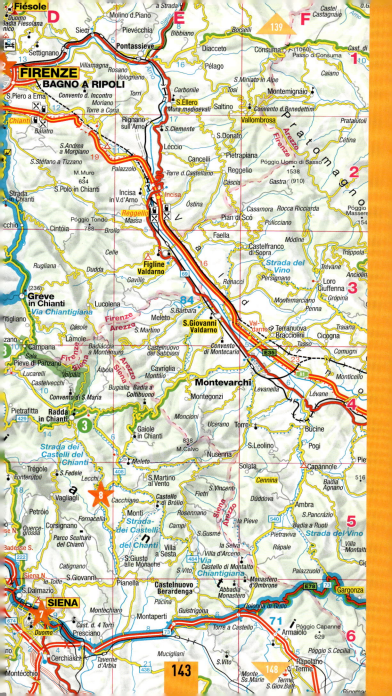

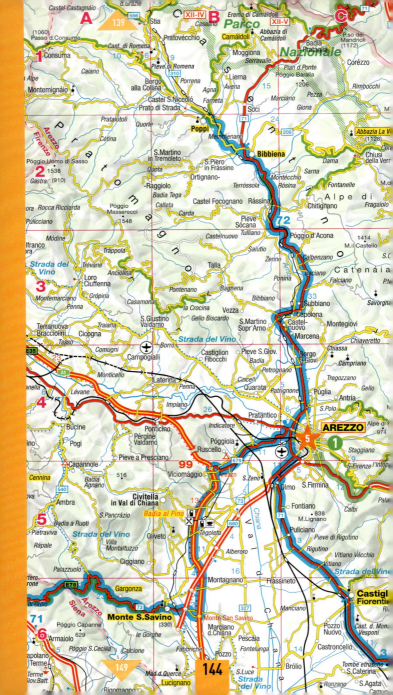

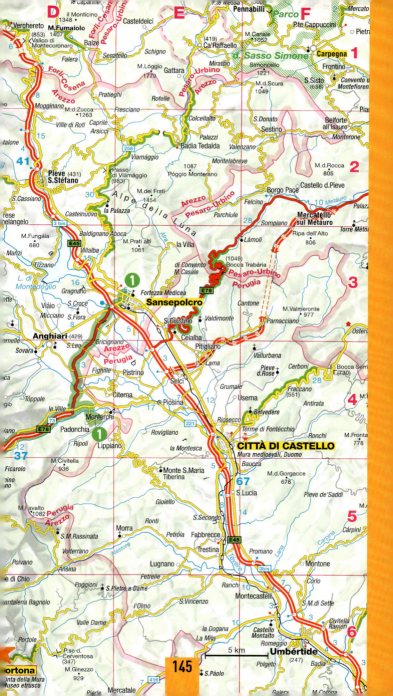

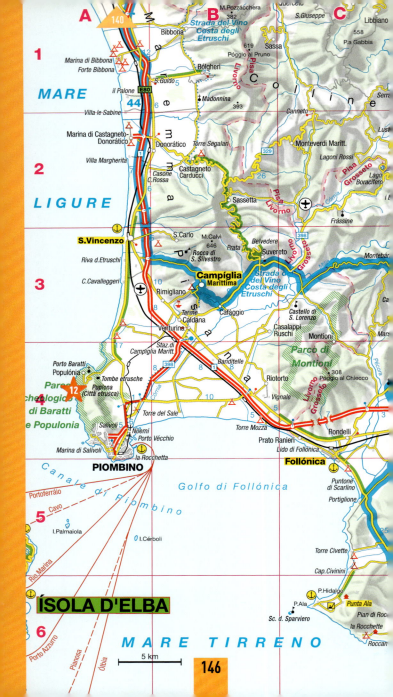

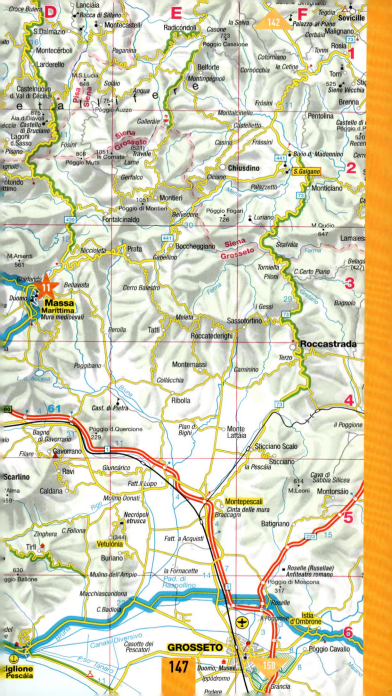

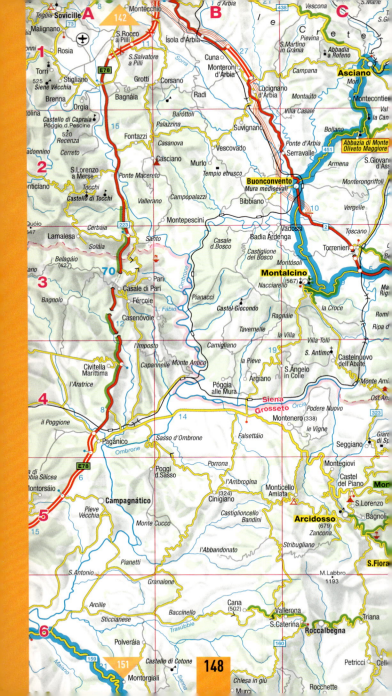

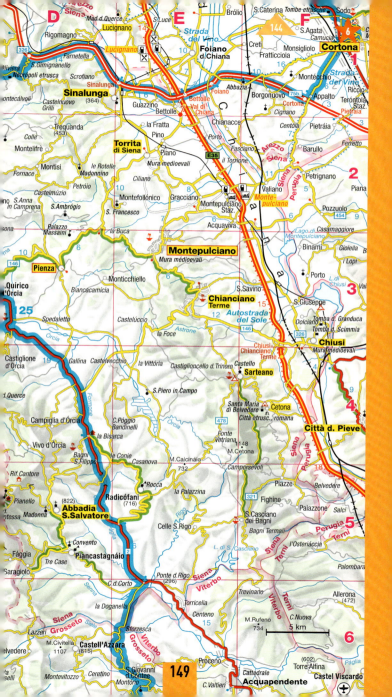

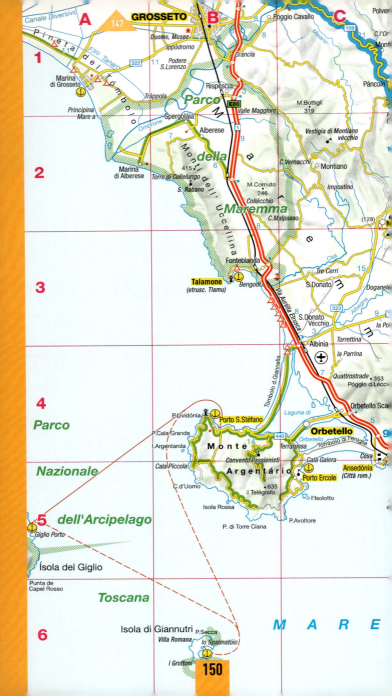

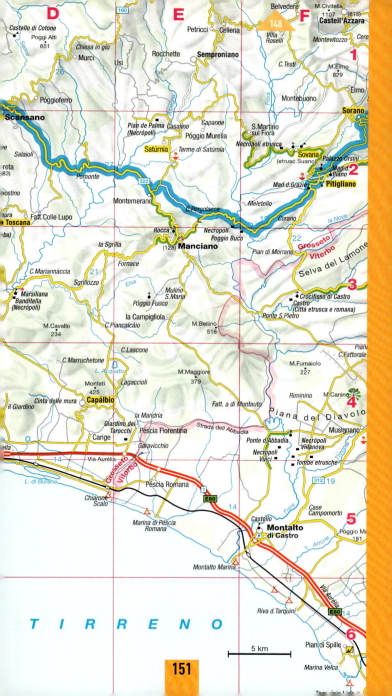

KARTENLEGENDE

Autobahn mit Anschlussstelle und Anschlussnummer		Motorway with junction and junction number
Autobahn in Bau mit voraussichtlichem Fertigstellungsdatum		Motorway under construction with expected date of opening
Rasthaus mit Übernachtung · Raststätte		Hotel, motel · Restaurant
Kiosk · Tankstelle		Snackbar · Filling-station
Autohof · Parkplatz mit WC		Truckstop · Parking place with WC
Autobahn-Gebührenstelle		Toll station
Autobahnähnliche Schnellstraße		Dual carriageway with motorway characteristics
Fernverkehrsstraße		Trunk road
Verbindungsstraße		Main road
Nebenstraßen		Secondary roads
Fahrweg · Fußweg		Carriageway · Footpath
Gebührenpflichtige Straße		Toll road
Straße für Kraftfahrzeuge gesperrt		Road closed for motor vehicles
Straße für Wohnanhänger gesperrt		Road closed for caravans
Straße für Wohnanhänger nicht empfehlenswert		Road not recommended for caravans
Autofähre · Autozug-Terminal		Car ferry · Autorail station
Hauptbahn · Bahnhof · Tunnel		Main line railway · Station · Tunnel
Besonders sehenswertes kulturelles Objekt		Cultural site of particular interest
Besonders sehenswertes landschaftliches Objekt		Landscape of particular interest
Ausflüge & Touren		Trips & Tours
Perfekte Route		Perfect route
MARCO POLO Highlight		MARCO POLO Highlight
Landschaftlich schöne Strecke		Route with beautiful scenery
Touristenstraße		Tourist route
Museumseisenbahn		Tourist train
Kirche, Kapelle · Kirchenruine Kloster · Klosterruine		Church, chapel · Church ruin Monastery · Monastery ruin
Schloss, Burg · Burgruine Turm · Funk-, Fernsehturm		Palace, castle · Castle ruin Tower · Radio or TV tower
Leuchtturm · Windmühle Denkmal · Soldatenfriedhof		Lighthouse · Windmill Monument · Military cemetery
Ruine, frühgeschichtliche Stätte · Höhle Hotel, Gasthaus, Berghütte · Heilbad		Archaeological excavation, ruins · Cave Hotel, inn, refuge · Spa
Campingplatz · Jugendherberge Schwimmbad, Erlebnisbad, Strandbad · Golfplatz		Camping site · Youth hostel Swimming pool, leisure pool, beach · Golf-course
Botanischer Garten, sehenswerter Park · Zoologischer Garten		Botanical gardens, interesting park · Zoological garden
Bedeutendes Bauwerk · Bedeutendes Areal		Important building · Important area
Verkehrsflughafen · Regionalflughafen		Airport · Regional airport
Flugplatz · Segelflugplatz		Airfield · Gliding site
Boots- und Jachthafen		Marina

FÜR DIE NÄCHSTE REISE ...

ALLE **MARCO POLO** REISEFÜHRER

DEUTSCHLAND

Allgäu
Amrum/Föhr
Bayerischer Wald
Berlin
Bodensee
Chiemgau/
  Berchtesgadener
  Land
Dresden/
  Sächsische
  Schweiz
Düsseldorf
Eifel
Erzgebirge/
  Vogtland
Franken
Frankfurt
Hamburg
Harz
Heidelberg
Köln
Lausitz/
  Spreewald/
  Zittauer Gebirge
Leipzig
Lüneburger Heide/
  Wendland
Mark Brandenburg
Mecklenburgische
  Seenplatte
Mosel
München
Nordseeküste
  Schleswig-Holstein
Oberbayern
Ostfriesische Inseln
Ostfriesland/
  Nordseeküste
  Niedersachsen/
  Helgoland
Ostseeküste
  Mecklenburg-
  Vorpommern
Ostseeküste
  Schleswig-Holstein
Pfalz
Potsdam
Rheingau/
  Wiesbaden
Rügen/Hiddensee/
  Stralsund
Ruhrgebiet
Sauerland
Schwäbische Alb
Schwarzwald
Stuttgart
Sylt
Thüringen
Usedom
Weimar

ÖSTERREICH
SCHWEIZ

Berner Oberland/
  Bern
Kärnten
Österreich
Salzburger Land
Schweiz
Steiermark
Tessin

Tirol
Wien
Zürich

FRANKREICH

Bretagne
Burgund
Côte d'Azur/
  Monaco
Elsass
Frankreich
Französische
  Atlantikküste
Korsika
Languedoc-Roussil-
  lon
Loire-Tal
Nizza/Antibes/
  Cannes/Monaco
Normandie
Paris
Provence

ITALIEN
MALTA

Apulien
Capri
Dolomiten
Elba/Toskanischer
  Archipel
Emilia-Romagna
Florenz
Gardasee
Golf von Neapel
Ischia
Italien
Italienische Adria
Italien Nord
Italien Süd
Kalabrien
Ligurien/Cinque
  Terre
Mailand/Lombardei
Malta/Gozo
Oberital. Seen
Piemont/Turin
Rom
Sardinien
Sizilien/Liparische
  Inseln
Südtirol
Toskana
Umbrien
Venedig
Venetien/Friaul

SPANIEN
PORTUGAL

Algarve
Andalusien
Barcelona
Baskenland/Bilbao
Costa Blanca
Costa Brava
Costa del Sol/
  Granada
Fuerteventura
Gran Canaria
Ibiza/Formentera
Jakobsweg/Spanien
La Gomera/

El Hierro
Lanzarote
La Palma
Lissabon
Madeira
Madrid
Mallorca
Menorca
Portugal
Sevilla
Spanien
Teneriffa

NORDEUROPA

Bornholm
Dänemark
Finnland
Island
Kopenhagen
Norwegen
Oslo
Schweden
Stockholm
Südschweden

WESTEUROPA
BENELUX

Amsterdam
Brüssel
Dublin
Edinburgh
England
Flandern
Irland
Kanalinseln
London
Luxemburg
Niederlande
Niederländische
  Küste
Schottland
Südengland

OSTEUROPA

Baltikum
Budapest
Danzig
Estland
Kaliningrader
  Gebiet
Krakau
Lettland
Litauen/Kurische
  Nehrung
Masurische Seen
Moskau
Plattensee
Polen
Polnische
  Ostseeküste/
  Danzig
Prag
Riesengebirge
Russland
Slowakei
St. Petersburg
Tallinn
Tschechien
Ukraine
Ungarn
Warschau

SÜDOSTEUROPA

Bulgarien
Bulgarische
  Schwarzmeer-
  küste
Kroatische Küste/
  Dalmatien
Kroatische Küste/
  Istrien/Kvarner
Montenegro
Rumänien
Slowenien

GRIECHENLAND
TÜRKEI
ZYPERN

Athen
Chalkidiki
Griechenland
  Festland
Griechische Inseln/
  Ägäis
Istanbul
Korfu
Kos
Kreta
Peloponnes
Rhodos
Samos
Santorin
Türkei
Türkische Südküste
Türkische Westküste
Zakinthos
Zypern

NORDAMERIKA

Alaska
Chicago und
  die Großen Seen
Florida
Hawaii
Kalifornien
Kanada
Kanada Ost
Kanada West
Las Vegas
Los Angeles
New York
San Francisco
USA
USA Neuengland/
  Long Island
USA Ost
USA Südstaaten/
  New Orleans
USA Südwest
USA West
Washington D.C.

MITTEL- UND
SÜDAMERIKA

Argentinien
Brasilien
Chile
Costa Rica
Dominikanische
  Republik
Jamaika
Karibik/

Große Antillen
Karibik/
  Kleine Antillen
Kuba
Mexiko
Peru/Bolivien
Venezuela
Yucatán

AFRIKA UND
VORDERER
ORIENT

Ägypten
Djerba/
  Südtunesien
Dubai
Israel
Jordanien
Kapstadt/
  Wine Lands/
  Garden Route
Kapverdische Inseln
Kenia
Marokko
Namibia
Qatar/
  Bahrain/
  Kuwait
Rotes Meer/Sinai
Südafrika
Tansania/
  Sansibar
Tunesien
Vereinigte
  Arabische Emirate

ASIEN

Bali/Lombok
Bangkok
China
Hongkong/
  Macau
Indien
Indien/Der Süden
Japan
Kambodscha
Ko Samui/
  Ko Phangan
Krabi/Ko Phi Phi/
  Ko Lanta
Malaysia
Nepal
Peking
Philippinen
Phuket
Rajasthan
Shanghai
Singapur
Sri Lanka
Thailand
Tokio
Vietnam

INDISCHER OZEAN
UND PAZIFIK

Australien
Malediven
Mauritius
Neuseeland
Seychellen
Südsee

REGISTER

Im Register sind alle in diesem Reiseführer erwähnten Orte und Ausflugsziele verzeichnet. Gefettete Seitenzahlen verweisen auf den Haupteintrag.

Abbadia San Salvatore 77
Abbazia di Monte Oliveto Maggiore 31, **64**
Abbazia di San Galgano 64
Abbazia La Verna 57
Abetone 75
Accesa 76
Alberese 75, 110
Alpi Apuane 28, 84, **92**, 93, **104**, 109, 110, 111, 115
Anchiano 47
Anghiari 57
Antro del Corchia 93
Apuanische Alpen 28, 84, **92**, 93, **104**, 109, 110, 111, 115
Arezzo 21, 30, **52**, 59, 100, 102, 117
Arnolat 43
Autodromo del Mugello 51
Avenza 92
Azienda di Alberese 75
Baccinello 73
Badia a Coltibuono 66
Badia a Passignano 65
Badia di Moscheta 51
Bagni di Lucca **88**, 111
Bagno Vignoni 23, **68**
Barberino di Mugello 50
Barga 88
Basilica San Piero a Grado 101
Bibbiena 57
Bolgheri 82
Borgo a Mozzano 89
Borgo San Lorenzo 50
Buriano 79, 116
Calci 101
Calomini 89
Camaiore **89**, 92
Camaldoli 31, **57**
Camigliano 90
Campi Bisenzio 39
Campiglia Marittima 31, **82**
Camprena 67
Capraia 83
Careggi 41
Carrara 84, **92**, 104
Casentino 31, 49, **57**, 110
Castagneta 75
Castellina in Chianti 65
Castello 41
Castello di Volpaia 107
Castello Fonterutoli 65
Castelnuovo di Garfagnana **89**, 90, 92
Castiglioncello 82
Castiglione della Pescaia 17, 31, **74**
Cecina Mare 114
Certaldo **39**, 117
Certosa di Pisa 101
Chianatal 26
Chianciano Terme 16
Chianti 11, 27, 30, 59, **65**, **106**, 110
Chiusdino 65
Chiusi 66
Chiusure di Asciano 64
Colleoli 101
Colline Metallifere 13, 115
Collodi 113
Colonnata 28, **94**, 106
Coltibuono 66
Cortia 90
Cortona 31, **58**
Costa degli Etruschi 82
Crete 13, 31, **68**
Donnini 43

Ecomuseo della Montagna Pistoiese 46
Elba 13, 83
Equi Terme 111, 117
Fantiscritti 94
Fattoria Le Celle 45
Ferraia 111
Fiesole 41
Figline 43
Filattiera 93, 94
Florenz 13, 14, 16, 17, 21, 22, 29, 30, **32**, 100, 108, 112, 116, 120, 122, 123, 125, 127, 156
Foce della Faggiola 106
Foce di Pianza 105
Follonata 78
Follonica 17, 114
Fonteblanda 17
Fonterutoli 85
Forte dei Marmi 92
Fosdinovo 93, 115
Gallicano 89
Garfagnana 19, 28, 84, **89**, 110
Giannutri 83
Giardino dei Tarocchi **74**, **114**
Giardino di Daniel Spoerri 74
Giglio 83
Ginestra Fiorentina 42
Golf von Baratti 83
Gorgona 83
Grassina 116
Greve in Chianti 19, 30, **65**
Gropina 43
Grosseto **70**, 75, 117
Grotta Antro del Corchia 93
Grotta del Vento 89, **115**
Il Giardino dei Tarocchi **74**, **114**
Il Giardino di Daniel Spoerri 74
Impruneta 41
Lago di Bilancino 50
Lago di Massaciuccoli 90
Lamporecchio 46
La Parrina 77
Larderello 82
La Verna 57
Leccio 43
Levanella 43
Levigliani di Stazzema 93
Lido di Camaiore 89
Livorno 17, 31, 76, **79**, 111, 117
Loro Ciuffenna 41
Lucca 14, 16, 21, 30, **84**, 115, 117
Lucignano **58**, 116
Luco di Mugello 51
Lunigiana 93
Lusuolo 94
Magliano 75
Marcialla 40
Maremma **74**, 110, 120, 124, 132
Marina di Castagneto 114
Marina di Grosseto 72, 73, 114
Marina di Massa 91, 92
Marina di Pietrasanta 94
Marina di Pisa 100
Marlia 90
Massa 84, **90**
Massa Marittima 31, **75**, 76
Mezzaluna 114
Monsummano Terme 28, **46**
Montagna Pistoiese **45**, 49
Montalcino 27, 31, 59, **66**
Monte Amiata 23, **76**, 109
Monte Argentario **77**, 111
Montecatini Terme 30, **46**, 111, 118

Montecristo 83
Montelupo Fiorentino 42
Monte Oliveto Maggiore 31, **64**
Montepulciano 23, 27, **66**, 117
Monterchi 102, **103**
Monteriggioni 67
Monte Sagro 104, 106
Montevarchi 43
Monticchiello 124
Moscheta 51
Mugello **50**, 110, 112
Museo della Geotermia di Larderello 82
Orbetello 77
Orcial 11, **68**, 110
Orsola 95
Panzano 106
Parco Archeologico di Baratti e Populonia 83
Parco Archeominerario di San Silvestro 114
Parco Nazionale delle Foreste Casentinesi 22, **57**
Parco Regionale della Maremma 75
Parco Regionale delle Alpi Apuane 92
Parco Regionale di Migliarino, San Rossore, Massaciuccoli 90, **101**
Parco Sculture del Chianti 66
Passignano 65
Peccioli 114
Pelago 124
Peralta 89
Pescia 16, **46**
Pianosa 83
Piazza al Serchio 90
Pienza 19, 28, **67**
Pietrasanta 94, 117
Pievasciata 66
Pieve di Camaiore 89
Pieve di Sorano 93
Pieve San Pietro di Romena 60
Piombino 111
Pisa 14, 21, 30, 84, **96**, 116, 121, 122
Pistoia 30, 32, **43**, 117
Pitigliano 31, **78**
Poggio a Caiano 45
Pontedera 101
Pontremoli 95
Poppi 31, **59**
Populonia **83**, 118
Porto Ercole 78
Porto Santo Stefano **78**, 111
Pozzo 16
Prato 25, 30, 32, 36, **47**
Pratovecchio 57
Radda in Chianti **65**, 107
Rapolano Terme 16
Reggello 43
Rifugio Carrara 105, 106
Rigoli 100
Rispescia 75
San Casciano dei Bagni 16, 111
San Casciano in Val di Pesa 42
San Galgano 64
San Gimignano 23, 27, 30, **68**, 121
San Giustino Valdarno 41
San Marcello Pistoiese 46
San Miniato 46
San Piero a Grado 101
San Pietro di Romena 60
San Quirico d'Orcia 68
San Rossore 101
Sansepolcro **59**, 102, **104**
San Silvestro 114
Santa Cristina in Salivolpe 43

IMPRESSUM

Santa Fiora 77
Sant'Agata 112
Sant'Anna di Stazzema 95
Sant'Anna in Camprena 67
Sant'Antimo 66
Santomato 45
San Vincenzo 83
Saturnia 78
Sbarcatello 78
Scansano 27, 75
Scarperia **51**, 112
Seggiano 74
Siena 14, 17, 19, 21, 26, 30, 52, 59,

60, 111, 114, 116, 121
Sorano 31, **78**
Sovana 31, **79**
Stia 59
Strada dei Sette Ponti 41, 43
Strada del Castagno 76
Talamone 17, 75
Tenuta di San Rossore 101
Terranuova Bracciolini 41
Torre del Lago 90
Toskanischer Archipel 13, 22, **83**
Vada 111
Vaglia 113

Valdarno 43
Valdichiana 26
Val d'Orcia 11, **68**, 110
Vallombrosa 43
Versilia 95
Vetulonia 79
Viareggio 30, **95**, 116
Vicchio 51
Vignamaggio 65
Vinca 106
Vinci 47
Volpaia 107
Volterra 30, **68**, 124

SCHREIBEN SIE UNS!

SMS-Hotline: 0163 6 39 50 20

Egal, was Ihnen Tolles im Urlaub begegnet oder Ihnen auf der Seele brennt, lassen Sie es uns wissen! Ob Lob, Kritik oder Ihr ganz persönlicher Tipp – die MARCO POLO Redaktion freut sich auf Ihre Infos.

Wir setzen alles dran, Ihnen möglichst aktuelle Informationen mit auf die Reise zu geben. Dennoch schleichen sich manchmal Fehler ein – trotz gründ-

E-Mail: info@marcopolo.de

licher Recherche unserer Autoren/innen. Sie haben sicherlich Verständnis, dass der Verlag dafür keine Haftung übernehmen kann. Kontaktieren Sie uns per SMS, E-Mail oder Post!

MARCO POLO Redaktion
MAIRDUMONT
Postfach 31 51
73751 Ostfildern

IMPRESSUM

Titelbild: Gehöft bei Pienza (Look: Martini)

Fotos: C. Büld Campetti (1 u.); DuMont Bildarchiv (30 l.), Widmann (112/113; 116); ©fotolia.com: Nina Hoff (17 o.); Huber: Borchi (6, 108/109), Carassale (26 r.), Cellai (42, 101), Cenadelli (120 o.), Cozzi (74/75), Da Ros Luca (3 o., 70/71, 88), Dutton (8), Friedel (72), Gräfenhain (Klappe r., 15, 40), Johanna Huber (78), Klaes (3 M., 84/85), Rellini (83), Ripani (18/19, 30 r.), Scattolin (132/133), Giovanni Simeone (2 o., 4, 10/11), Spila (107); R. Irek (120 u.); ©iStockphoto.com: fatmayilmaz: (16 o.), gerenme (17 u.); M. Kirchgessner (63, 94); Laif: Eid (27, 44); L'ANDANA – Tenuta La Badiola: Giovanni Cecchinato (16 M.); Look: Martini (1 o.); mauritius images: Alamy (2 M. o., 7, 9, 38, 48, 51, 93, 99, 115), Friedmann (117), Harding (110), United Archives (20); H. P. Merten (Klappe l., 34, 61); D. Renckhoff (23, 28, 28/29, 64); M. Schulte-Kellinghaus (2 M. u., 2 u., 26 l., 32/33, 52/53, 67, 86); Spiegelhalter: Schulte-Kellinghaus (29, 56); O. Stadler (3 u., 5, 12/13, 24/25, 37, 76/77, 102/103, 105, 121); M. Thomas (47); Villa Fontelunga (16 u.); T. P. Widmann (54, 58, 69, 80, 90, 97, 116/117)

17. Auflage 2012
Komplett neu erstellt
© MAIRDUMONT GmbH & Co. KG, Ostfildern
Chefredaktion: Michaela Lienemann (Konzept, Chefin vom Dienst), Marion Zorn (Konzept, Textchefin)
Autorin: Christiane Büld Campetti; Redaktion: Nikolai Michaelis
Verlagsredaktion: Anita Dahlinger, Ann-Katrin Kutzner, Nikolai Michaelis
Bildredaktion: Gabriele Forst
Im Trend: wunder media, München;
Kartografie Reiseatlas: © MAIRDUMONT, Ostfildern; Kartografie Faltkarte: © MAIRDUMONT, Ostfildern
Innengestaltung: milchhof: atelier, Berlin; Titel, S. 1, Titel Faltkarte: factor product münchen
Sprachführer: in Zusammenarbeit mit Ernst Klett Sprachen GmbH, Stuttgart, Redaktion PONS Wörterbücher
Das Werk einschließlich aller seiner Teile ist urheberrechtlich geschützt. Jede urheberrechtsrelevante Verwertung ist ohne Zustimmung des Verlags unzulässig und strafbar. Das gilt insbesondere für Vervielfältigungen, Übersetzungen, Nachahmungen, Mikroverfilmungen und die Einspeicherung und Verarbeitung in elektronischen Systemen.

Printed in Germany. Gedruckt auf 100% chlorfrei gebleichtem Papier

BLOSS NICHT ☝

Worauf Sie achten sollten, um sich die Ferien nicht zu vermiesen

FÄLSCHUNGEN KAUFEN

Auch wenn Sie ein leidenschaftlicher Schnäppchenjäger sind: Lassen Sie die Finger von preisgünstigen Ray-Ban-Brillen und Gucci-Taschen, die Ihnen in den Fußgängerzonen von den netten „Vu Cumprà" aus Senegal oder Somalia ans Herz gelegt werden. Bis zu 3000 Euro Strafe kann Sie – auch als Käufer! – solch ein gefaktes Accessoire vom Straßenhändler kosten.

IM ZUG DEN NAIVEN SPIELEN

Die Ausrede, man sei fremd im Land und wisse es nicht, zieht nicht. Vergessen Sie daher nicht, vor Antritt einer Zugfahrt die Tickets wie im Bus zu entwerten. Die Stempelautomaten stehen in den Bahnhofshallen oder auf den Bahnsteigen.

SPONTANER MUSEUMSBESUCH

Planen Sie keinen Besuch der ganz großen Museen, etwa der Uffizien in Florenz, ohne vorher reserviert zu haben. Das kostet Sie zwar ein paar Euro extra, dafür sparen Sie sich aber langes Schlangestehen.

ALLZU SORGLOS SEIN

Es muss leider gesagt werden: Passen Sie auf, wenn sich Ihnen bettelnde Kinder nähern. Oft haben sie eine Zeitung in der einen Hand und verdecken damit die andere, mit der sie in Ihren Taschen nach dem Geldbeutel fischen.

OHNE BON DAVON

Nehmen Sie immer den Kassenzettel mit, auch wenn Sie in der Bar nur einen Kaffee getrunken haben. Ausgenommen sind lediglich Zeitungen, Benzin und Zigaretten. Das *scontrino* ist der Beleg dafür, dass die Ware oder Dienstleistung verbucht wurde und Steuern abgeführt werden. Draußen kann es passieren, dass Steuerfahnder Sie ansprechen. Wenn Sie dann nichts vorlegen können, kann das für den Verkäufer und für Sie teuer werden.

SICH IM RESTAURANT DANEBENBENEHMEN

In Italien ist es nicht üblich, sich einfach an einen freien Platz zu setzen. Warten Sie, bis Ihnen der Kellner einen Platz zuweist, wobei Sie selbstverständlich Ihre Wünsche äußern können. Auch getrennt zu bezahlen ist nicht gerade elegant. In Italien werden die Rechnungen tischweise präsentiert, der Betrag wird in der Regel paritätisch aufgeteilt. Merken Sie sich die Preise, und rechnen Sie anschließend untereinander ab.

VERKEHRSBESTIMMUNGEN MISSACHTEN

Falschparken und Tempoüberschreitungen können Sie teuer zu stehen kommen. Bußgeldbescheide können inzwischen EU-weit eingetrieben werden, und die Bußgelder in Italien gehören zu den höchsten in Europa.